Composition | 베이직

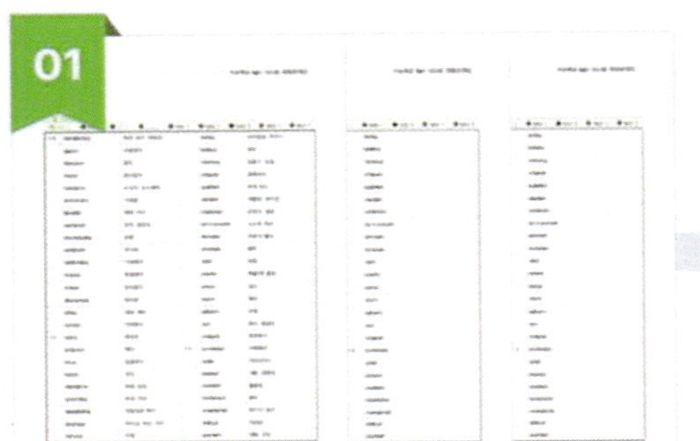

단어 암기

총 3단계를 거쳐 각 지문에 나오는 모든 단어들을 암기합니다.

본문 암기

해석본(한글)을 영어 지문과 함께 보며,
문장 구조와 내용을 파악합니다.

난이도 <하>   난이도 <중>

어법·어휘 2지 선다

두 개 보기 중 올바른 어법 또는 어휘를 고르는 문제입니다.

다른 난이도로 **2회 반복**하여 풀며 꼼꼼하게 학습합니다.

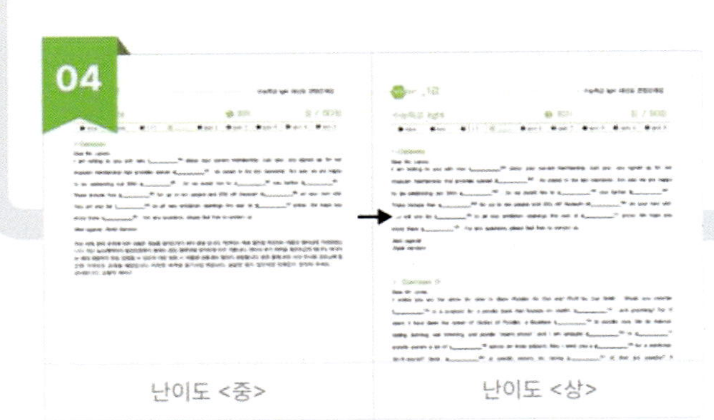

난이도 <중>   난이도 <상>

빈칸 완성

한글 해석을 보고 빈칸을 채우는 유형, **해석 없이 빈칸을 채우는 유형.**
단계별 2문제로 지문 암기의 빈틈을 없앱니다.

Quiz 1. 문장 삽입

주어진 문장을 글의 적절한 위치에 삽입하는 문제입니다.

글의 흐름, 연결어 사용, 문맥 이해 능력을 종합적으로 평가합니다.

Quiz 2. 순서 배열

뒤섞인 문장들을
올바른 순서로 배열하는 문제입니다.

글 전체 구조를 파악하며 심화문제로
넘어가기 위한 준비를 마칩니다.

Quiz 3. 어법·어휘 다중 선택

문장 안에 표시된 밑줄 중 잘못된 어법이나 어휘를 모두 찾아내는 문제입니다.

8개~9개의 선지 중에서 어색한 부분을
찾아야 하기 때문에
내신 문제보다 난이도가 높습니다.

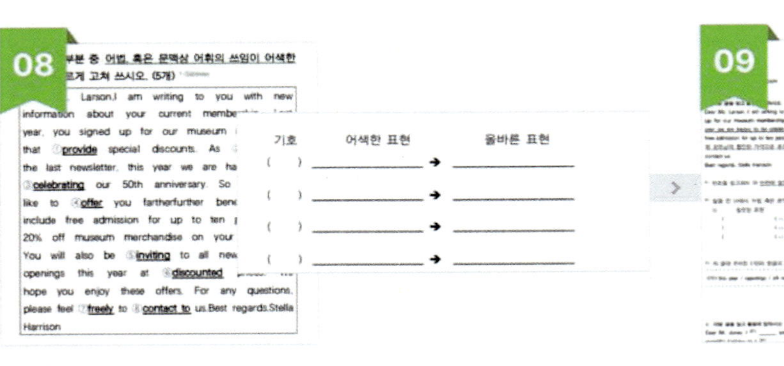

Quiz 4. 어법·어휘 수정

문장에서 어색한 표현을 올바른 표현으로 고쳐 쓰는 문제입니다.

1개의 지문에서 5개의 답을 찾으며 실력을 높입니다.

Quiz 5. 서술형 SET

서술형 3문제로 구성된 세트 문제입니다.

다양한 유형을 종합적으로 훈련하며,
실제 내신 시험 유형과 유사한 형태로
제작되었습니다.

25년 고2
6월 모의고사

마
의
갓
Basic

연습과 실전 모두 잡는 내신대비 완벽
| workbook |

2025년 고2 모의고사

WORK BOOK

6月

2025 고2 6월 모의고사 내신대비용 WorkBook & 변형문제

Voca

| ❶ voca | ❷ text | ❸ [/] | ❹ ＿＿ | ❺ quiz 1 | ❻ quiz 2 | ❼ quiz 3 | ❽ quiz 4 | ❾ quiz 5 |

18	gratitude	감사, 고마움		survive	살아남다
	dedication	헌신		thrive	번창하다, 잘 자라다
	exceptional	뛰어난, 예외적인		isolation	고립, 단절
	significantly	상당히, 두드러지게		prevent	막다, 방지하다
	progress	진전, 향상		reach out	다가가다, 손을 뻗다 (연락하다)
	reflect	되돌아보다, 숙고하다		similarly	유사하게, 마찬가지로
	contribution	기여		society	사회
	renewal	갱신, 재계약	21	define	정의하다
	extension	연장, 확장		impose	부과하다, 강요하다
	involvement	참여, 관여		absolute	절대적인, 완전한
	enhance	향상시키다, 높이다		definite	명확한, 확정된
	achievement	성취, 업적		relative	상대적인
19	freezing	몹시 추운		maintain	유지하다
	lobby	로비, 현관		proportion	비율, 비례
	harsh	(빛이) 눈부시게 강한, 거친		expect	기대하다
	symptom	증상		denominator	분모 (수학 용어)
	concern	걱정, 염려		miserable	비참한, 불행한
	reassure	안심시키다		horizon	수평선, (비유적으로) 시야, 가능성의 한계선
	examine	진찰하다, 조사하다	22	evoke	(감정·기억 등을) 불러일으키다
	peacefully	평화롭게, 조용히		vivid	생생한
	wave	(감정 등의) 물결, 파도		potential	잠재적인, 가능성 있는
	calm	차분함, 평온		establishment	시설, 기관 (여기서는 식당 의미)
20	impermeable	불투과성의, 스며들지 않는		financial	재정적인
	porous	투과성의, 구멍이 많은		dependence	의존
	contact	접촉, 연락		restaurateur	식당 주인

Voca

| ❶ voca | ❷ text | ❸ [/] | ❹ ＿＿＿ | ❺ quiz 1 | ❻ quiz 2 | ❼ quiz 3 | ❽ quiz 4 | ❾ quiz 5 |

	attract	끌어들이다, 유인하다		goldsmith	금세공인
	organism	유기체, 생물		clockmaker	시계 제작자
	obtain	얻다, 획득하다		architect	건축가
	resource	자원		sculptor	조각가
	advertise	광고하다, 알리다		remain	(pl.) 유적, 남은 것들
24	handedness	왼손잡이/오른손잡이 성향		commission	의뢰, 주문 (또는 위임받은 작업)
	determine	결정하다		reputation	명성
	reliably	확실하게, 신뢰할 수 있게		stunning	놀라운, 멋진
	assumption	가정, 추정		masterpiece	걸작, 대표작
	establish	확립하다, 정립하다		machinery	기계 장치
	ultrasound	초음파	27	annual	연례의, 매년 열리는
	technique	기법, 기술		leadership	리더십, 지도력
	preference	선호, 편애		participation	참가, 참여
	fertilization	수정 (난자와 정자의 결합)		registration	등록, 신청
	evaluate	평가하다		available	이용 가능한, 신청 가능한
	approximately	대략, 거의		presentation	발표, 프레젠테이션
25	consistently	지속적으로, 일관되게		includes	포함하다
	decrease	감소하다		flight	항공편, 비행
	reverse	반대, 반대의 경우		ticket	표, 티켓
	period	기간		website	웹사이트
	twice	두 배	28	participate	참가하다
	increase	증가		conserve	보존하다, 보호하다
	drop	떨어지다, 감소하다		detail	세부 사항
26	architecture	건축, 건축학		athletic	운동의, 운동에 적합한
	talented	재능 있는		provided	제공된

Voca

❶ voca	❷ text	❸ [/]	❹ _____	❺ quiz 1	❻ quiz 2	❼ quiz 3	❽ quiz 4	❾ quiz 5

	cancel	취소하다		association	연상, 관련성
	safety	안전		complex	복잡한
	question	질문		network	네트워크, 연결망
29	illusion	착시, 환상		process	처리하다, 가공하다
	graduated	점진적인, 단계적으로 변화하는		abstract	추상적인
	accurately	정확하게		statistic	통계 수치
	geometric	기하학적인		dropout	중도 탈락자
	dimension	차원, 크기, 규모		concerning	~에 관하여, 관련된
	realistic	현실적인, 사실적인		motivate	동기를 부여하다
	viewpoint	시점, 관점		rigors	고됨, 혹독함 (복수형으로 사용됨)
	observe	관찰하다	32	analogy	비유, 유추
	represent	나타내다, 표현하다		embrace	받아들이다, 수용하다
30	logistics	물류, 물류 관리		virtual	가상의
	stimulate	자극하다, 촉진하다		radically	근본적으로, 급진적으로
	aggregate	총계의, 집합적인		fundamentally	근본적으로
	stimulus	자극, 활력 요소		unfamiliar	익숙하지 않은
	conversely	반대로, 반면에		analogy	유추, 유사점
	shrink	줄어들다, 감소하다		workplace	직장, 작업 환경
	fluctuation	변동, 오르내림		parallel	유사점, 평행선
	verify	입증하다, 확인하다		obvious	분명한, 명백한
	contraction	축소, 수축	33	hatchling	(알에서 갓 부화한) 새끼 동물
	output	생산량, 산출물		evolve	진화하다
	excess	과잉, 초과		rational	이성적인, 합리적인
	potential	잠재적인		reflection	반사, 반사된 빛
31	anecdote	짧은 이야기		surface	표면

Voca

| ❶ voca | ❷ text | ❸ [/] | ❹ _____ | ❺ quiz 1 | ❻ quiz 2 | ❼ quiz 3 | ❽ quiz 4 | ❾ quiz 5 |

	sparkling	반짝이는		ancestral	조상의, 조상으로부터 전해 내려오는
	destructive	파괴적인		heritage	유산, 전통
	irrational	비이성적인, 비합리적인		hardwired	(본능적으로) 내재된, 고정된
	ancestor	조상		prehistoric	선사 시대의
	mechanism	구조, 방식	36	transition	전환, 변화
	cue	단서, 신호		oral	구술의, 말로 전달되는
	blind	눈이 멀게 하다, 판단을 흐리게 하다		apprenticeship	도제 제도, 견습 기간
34	sensory	감각의, 감각과 관련된		literate	문자화된, 읽고 쓸 수 있는
	organ	기관		prone (to)	~하기 쉬운
	communication	소통, 전달		fracture	파손, 골절
	isolate	분리하다, 격리하다		bulky	부피가 큰, 다루기 힘든
	characteristic	특징, 특성		susceptible (to)	~에 취약한, 영향을 받기 쉬운
	deprivation	박탈, 부족		static	고정된, 정적인
	hallucination	환각		invention	발명품
	incoherent	앞뒤가 맞지 않는, 일관성 없는		codex	고대 책 형태 (두 장 사이에 넘길 수 있는 책 형태)
	apparent	분명한, 명백한		potential	잠재력, 가능성
	intellect	지적 능력, 지성		dominant	지배적인, 우세한
35	zoologist	동물학자		guardian	수호자, 보호자
	accurate	정확한		remarkable	주목할 만한, 놀라운
	reflector	반영자, 반사체	37	conclusion	결론
	sentiment	감정, 정서		consist (in)	~에 있다, ~로 구성되다
	instantaneously	즉각적으로		analytically	분석적으로
	conscious	의식적인		implication	함의, 암시
	limbic	변연계의 (감정과 기억을 담당하는 뇌 부위 관련)		premise	전제
	regimen	(규칙적인) 방식, 생활 방식		benefit	이익, 혜택

Voca

| ❶ voca | ❷ text | ❸ [/] | ❹ ＿＿＿ | ❺ quiz 1 | ❻ quiz 2 | ❼ quiz 3 | ❽ quiz 4 | ❾ quiz 5 |

	population	인구, 집단		expand	확대하다, 확장하다
	analysis	분석		convertible	전환 가능한, 교환 가능한
	assumption	가정, 추정		misleading	오해의 소지가 있는
	obvious	분명한, 명백한		transfer	옮기다, 이전하다
	reasoning	추론, 논증 과정		issue	(화폐를) 발행하다
	connection	연결, 관련성		supply	공급, 공급량
38	migration	이주, 이동	40	considerable	상당한, 중요한
	literature	문헌, (특히) 학술 문헌		application	적용, 응용
	overcrowd	과밀화하다, 붐비게 하다		afford	제공하다 (afforded: 주어진, 제공된)
	assumption	가정, 추정		neuroscience	신경과학
	involuntary	비자발적인		literature	(학술) 문헌
	disaster	재난, 재해		cognitive	인지의, 인식의
	opportunity	기회		impact	영향
	redistribute	재분배하다		efficacy	효능, 효과
	surplus	과잉, 잉여		conjunction	결합, 연결
	flexible	융통성 있는		contradict	모순되다, 반박하다
	hardship	고난, 어려움		assumption	가정, 전제
	prospect	전망, 가능성		conventional	전통적인, 관습적인
	remittance	송금		stoic	금욕적인, 감정을 드러내지 않는
	intergenerational	세대 간의		unemotional	감정을 보이지 않는, 냉정한
	mobility	이동성, 유동성		optimal	최적의, 가장 바람직한
39	temptation	유혹, 충동	41~42	confront	직면하다, 마주하다
	inflation	인플레이션, 물가 상승		variety	다양성, 종류
	inherently	본질적으로		gourmet	고급의, 미식가를 위한
	deprive	빼앗다, 박탈하다		destination	목적지, 여행지

Voca

❶ voca	❷ text	❸ [/]	❹ ____	❺ quiz 1	❻ quiz 2	❼ quiz 3	❽ quiz 4	❾ quiz 5

	disruptive	방해가 되는, 혼란을 주는						
	comparison	비교						
	acknowledge	인정하다						
	disadvantage	불리함, 단점						
	constrain	제한하다, 억제하다						
	expectation	기대						
	process (v.)	처리하다, 다루다						
	regret	후회하다						
43~45	countryside	시골, 전원 지역						
	chatter	수다, 왁자지껄한 말소리						
	elderly	나이 든, 노인의						
	hesitate	주저하다, 망설이다						
	assist	돕다, 지원하다						
	urgency	긴급함, 위급함						
	groan	신음하다						
	gather	(기운 등을) 모으다						
	reassure	안심시키다						
	dizzy	어지러운, 현기증이 나는						
	pressure	압력, 혈압 (low blood pressure = 저혈압)						
	movement	움직임, 동작						

Voca Test

| ❶ voca | ❷ text | ❸ [/] | ❹ ____ | ❺ quiz 1 | ❻ quiz 2 | ❼ quiz 3 | ❽ quiz 4 | ❾ quiz 5 |

18	gratitude			survive	
	dedication			thrive	
	exceptional			isolation	
	significantly			prevent	
	progress			reach out	
	reflect			similarly	
	contribution			society	
	renewal		**21**	define	
	extension			impose	
	involvement			absolute	
	enhance			definite	
	achievement			relative	
19	freezing			maintain	
	lobby			proportion	
	harsh			expect	
	symptom			denominator	
	concern			miserable	
	reassure			horizon	
	examine		**22**	evoke	
	peacefully			vivid	
	wave			potential	
	calm			establishment	
20	impermeable			financial	
	porous			dependence	
	contact			restaurateur	

oca Test

❶ voca	❷ text	❸ [/]	❹ ＿＿	❺ quiz 1	❻ quiz 2	❼ quiz 3	❽ quiz 4	❾ quiz 5

	attract				goldsmith	
	organism				clockmaker	
	obtain				architect	
	resource				sculptor	
	advertise				remain	
24	handedness				commission	
	determine				reputation	
	reliably				stunning	
	assumption				masterpiece	
	establish				machinery	
	ultrasound			27	annual	
	technique				leadership	
	preference				participation	
	fertilization				registration	
	evaluate				available	
	approximately				presentation	
25	consistently				includes	
	decrease				flight	
	reverse				ticket	
	period				website	
	twice			28	participate	
	increase				conserve	
	drop				detail	
26	architecture				athletic	
	talented				provided	

Voca Test

❶ voca	❷ text	❸ [/]	❹ _____	❺ quiz 1	❻ quiz 2	❼ quiz 3	❽ quiz 4	❾ quiz 5

	cancel			association	
	safety			complex	
	question			network	
29	illusion			process	
	graduated			abstract	
	accurately			statistic	
	geometric			dropout	
	dimension			concerning	
	realistic			motivate	
	viewpoint			rigors	
	observe		32	analogy	
	represent			embrace	
30	logistics			virtual	
	stimulate			radically	
	aggregate			fundamentally	
	stimulus			unfamiliar	
	conversely			analogy	
	shrink			workplace	
	fluctuation			parallel	
	verify			obvious	
	contraction		33	hatchling	
	output			evolve	
	excess			rational	
	potential			reflection	
31	anecdote			surface	

Voca Test

❶ voca	❷ text	❸ [/]	❹ ____	❺ quiz 1	❻ quiz 2	❼ quiz 3	❽ quiz 4	❾ quiz 5

	sparkling				ancestral	
	destructive				heritage	
	irrational				hardwired	
	ancestor				prehistoric	
	mechanism		36		transition	
	cue				oral	
	blind				apprenticeship	
34	sensory				literate	
	organ				prone (to)	
	communication				fracture	
	isolate				bulky	
	characteristic				susceptible (to)	
	deprivation				static	
	hallucination				invention	
	incoherent				codex	
	apparent				potential	
	intellect				dominant	
35	zoologist				guardian	
	accurate				remarkable	
	reflector		37		conclusion	
	sentiment				consist (in)	
	instantaneously				analytically	
	conscious				implication	
	limbic				premise	
	regimen				benefit	

Voca Test

❶ voca	❷ text	❸ [/]	❹ ____	❺ quiz 1	❻ quiz 2	❼ quiz 3	❽ quiz 4	❾ quiz 5

	population			expand	
	analysis			convertible	
	assumption			misleading	
	obvious			transfer	
	reasoning			issue	
	connection			supply	
38	migration		40	considerable	
	literature			application	
	overcrowd			afford	
	assumption			neuroscience	
	involuntary			literature	
	disaster			cognitive	
	opportunity			impact	
	redistribute			efficacy	
	surplus			conjunction	
	flexible			contradict	
	hardship			assumption	
	prospect			conventional	
	remittance			stoic	
	intergenerational			unemotional	
	mobility			optimal	
39	temptation		41~42	confront	
	inflation			variety	
	inherently			gourmet	
	deprive			destination	

Voca Test

❶ voca	❷ text	❸ [/]	❹ _____	❺ quiz 1	❻ quiz 2	❼ quiz 3	❽ quiz 4	❾ quiz 5
	disruptive							
	comparison							
	acknowledge							
	disadvantage							
	constrain							
	expectation							
	process (v.)							
	regret							
43~45	countryside							
	chatter							
	elderly							
	hesitate							
	assist							
	urgency							
	groan							
	gather							
	reassure							
	dizzy							
	pressure							
	movement							

Voca Test

❶ voca	❷ text	❸ [/]	❹ ____	❺ quiz 1	❻ quiz 2	❼ quiz 3	❽ quiz 4	❾ quiz 5

18	감사, 고마움			살아남다	
	헌신			번창하다, 잘 자라다	
	뛰어난, 예외적인			고립, 단절	
	상당히, 두드러지게			막다, 방지하다	
	진전, 향상			다가가다, 손을 뻗다 (연락하다)	
	되돌아보다, 숙고하다			유사하게, 마찬가지로	
	기여			사회	
	갱신, 재계약		21	정의하다	
	연장, 확장			부과하다, 강요하다	
	참여, 관여			절대적인, 완전한	
	향상시키다, 높이다			명확한, 확정된	
	성취, 업적			상대적인	
19	몹시 추운			유지하다	
	로비, 현관			비율, 비례	
	(빛이) 눈부시게 강한, 거친			기대하다	
	증상			분모 (수학 용어)	
	걱정, 염려			비참한, 불행한	
	안심시키다			수평선, (비유적으로) 시야, 가능성의 한계선	
	진찰하다, 조사하다		22	(감정·기억 등을) 불러일으키다	
	평화롭게, 조용히			생생한	
	(감정 등의) 물결, 파도			잠재적인, 가능성 있는	
	차분함, 평온			시설, 기관 (여기서는 식당 의미)	
20	불투과성의, 스며들지 않는			재정적인	
	투과성의, 구멍이 많은			의존	
	접촉, 연락			식당 주인	

oca Test

| ❶ voca | ❷ text | ❸ [/] | ❹ ＿＿ | ❺ quiz 1 | ❻ quiz 2 | ❼ quiz 3 | ❽ quiz 4 | ❾ quiz 5 |

	끌어들이다, 유인하다		금세공인	
	유기체, 생물		시계 제작자	
	얻다, 획득하다		건축가	
	자원		조각가	
	광고하다, 알리다		(pl.) 유적, 남은 것들	
24	왼손잡이/오른손잡이 성향		의뢰, 주문 (또는 위임받은 작업)	
	결정하다		명성	
	확실하게, 신뢰할 수 있게		놀라운, 멋진	
	가정, 추정		걸작, 대표작	
	확립하다, 정립하다		기계 장치	
	초음파	27	연례의, 매년 열리는	
	기법, 기술		리더십, 지도력	
	선호, 편애		참가, 참여	
	수정 (난자와 정자의 결합)		등록, 신청	
	평가하다		이용 가능한, 신청 가능한	
	대략, 거의		발표, 프레젠테이션	
25	지속적으로, 일관되게		포함하다	
	감소하다		항공편, 비행	
	반대, 반대의 경우		표, 티켓	
	기간		웹사이트	
	두 배	28	참가하다	
	증가		보존하다, 보호하다	
	떨어지다, 감소하다		세부 사항	
26	건축, 건축학		운동의, 운동에 적합한	
	재능 있는		제공된	

Voca Test

❶ voca	❷ text	❸ [/]	❹ ＿＿	❺ quiz 1	❻ quiz 2	❼ quiz 3	❽ quiz 4	❾ quiz 5

	취소하다				연상, 관련성		
	안전				복잡한		
	질문				네트워크, 연결망		
29	착시, 환상				처리하다, 가공하다		
	점진적인, 단계적으로 변화하는				추상적인		
	정확하게				통계 수치		
	기하학적인				중도 탈락자		
	차원, 크기, 규모				~에 관하여, 관련된		
	현실적인, 사실적인				동기를 부여하다		
	시점, 관점				고됨, 혹독함 (복수형으로 사용됨)		
	관찰하다		32		비유, 유추		
	나타내다, 표현하다				받아들이다, 수용하다		
30	물류, 물류 관리				가상의		
	자극하다, 촉진하다				근본적으로, 급진적으로		
	총계의, 집합적인				근본적으로		
	자극, 활력 요소				익숙하지 않은		
	반대로, 반면에				유추, 유사점		
	줄어들다, 감소하다				직장, 작업 환경		
	변동, 오르내림				유사점, 평행선		
	입증하다, 확인하다				분명한, 명백한		
	축소, 수축		33		(알에서 갓 부화한) 새끼 동물		
	생산량, 산출물				진화하다		
	과잉, 초과				이성적인, 합리적인		
	잠재적인				반사, 반사된 빛		
31	짧은 이야기				표면		

Voca Test

❶ voca	❷ text	❸ [/]	❹ ＿＿	❺ quiz 1	❻ quiz 2	❼ quiz 3	❽ quiz 4	❾ quiz 5

	반짝이는			조상의, 조상으로부터 전해 내려오는	
	파괴적인			유산, 전통	
	비이성적인, 비합리적인			(본능적으로) 내재된, 고정된	
	조상			선사 시대의	
	구조, 방식		36	전환, 변화	
	단서, 신호			구술의, 말로 전달되는	
	눈이 멀게 하다, 판단을 흐리게 하다			도제 제도, 견습 기간	
34	감각의, 감각과 관련된			문자화된, 읽고 쓸 수 있는	
	기관			~하기 쉬운	
	소통, 전달			파손, 골절	
	분리하다, 격리하다			부피가 큰, 다루기 힘든	
	특징, 특성			~에 취약한, 영향을 받기 쉬운	
	박탈, 부족			고정된, 정적인	
	환각			발명품	
	앞뒤가 맞지 않는, 일관성 없는			고대 책 형태 (두 장 사이에 넘길 수 있는 책 형태)	
	분명한, 명백한			잠재력, 가능성	
	지적 능력, 지성			지배적인, 우세한	
35	동물학자			수호자, 보호자	
	정확한			주목할 만한, 놀라운	
	반영자, 반사체		37	결론	
	감정, 정서			~에 있다, ~로 구성되다	
	즉각적으로			분석적으로	
	의식적인			함의, 암시	
	변연계의 (감정과 기억을 담당하는 뇌 부위 관련)			전제	
	(규칙적인) 방식, 생활 방식			이익, 혜택	

Voca Test

❶ voca	❷ text	❸ [/]	❹ _____	❺ quiz 1	❻ quiz 2	❼ quiz 3	❽ quiz 4	❾ quiz 5

	인구, 집단			확대하다, 확장하다	
	분석			전환 가능한, 교환 가능한	
	가정, 추정			오해의 소지가 있는	
	분명한, 명백한			옮기다, 이전하다	
	추론, 논증 과정			(화폐를) 발행하다	
	연결, 관련성			공급, 공급량	
38	이주, 이동		40	상당한, 중요한	
	문헌, (특히) 학술 문헌			적용, 응용	
	과밀화하다, 붐비게 하다			제공하다 (afforded: 주어진, 제공된)	
	가정, 추정			신경과학	
	비자발적인			(학술) 문헌	
	재난, 재해			인지의, 인식의	
	기회			영향	
	재분배하다			효능, 효과	
	과잉, 잉여			결합, 연결	
	융통성 있는			모순되다, 반박하다	
	고난, 어려움			가정, 전제	
	전망, 가능성			전통적인, 관습적인	
	송금			금욕적인, 감정을 드러내지 않는	
	세대 간의			감정을 보이지 않는, 냉정한	
	이동성, 유동성			최적의, 가장 바람직한	
39	유혹, 충동		41~42	직면하다, 마주하다	
	인플레이션, 물가 상승			다양성, 종류	
	본질적으로			고급의, 미식가를 위한	
	빼앗다, 박탈하다			목적지, 여행지	

oca Test

❶ voca	❷ text	❸ [/]	❹ _____	❺ quiz 1	❻ quiz 2	❼ quiz 3	❽ quiz 4	❾ quiz 5

	방해가 되는, 혼란을 주는							
	비교							
	인정하다							
	불리함, 단점							
	제한하다, 억제하다							
	기대							
	처리하다, 다루다							
	후회하다							
43~45	시골, 전원 지역							
	수다, 왁자지껄한 말소리							
	나이 든, 노인의							
	주저하다, 망설이다							
	돕다, 지원하다							
	긴급함, 위급함							
	신음하다							
	(기운 등을) 모으다							
	안심시키다							
	어지러운, 현기증이 나는							
	압력, 혈압 (low blood pressure = 저혈압)							
	움직임, 동작							

2025 고2 6월 모의고사

❶ voca　❷ text　❸ [/]　❹ _____　❺ quiz 1　❻ quiz 2　❼ quiz 3　❽ quiz 4　❾ quiz 5

18 목적

❶ Dear Ms. Lopez, We want to express our gratitude for your dedication as a Spanish instructor.
Lopez님께, 우리는 스페인어 강사로서의 당신의 헌신에 감사를 표하고 싶습니다.

❷ With exceptional teaching skills, you have significantly improved our students' progress and confidence in Spanish.
뛰어난 교수 능력으로, 당신은 스페인어에서의 우리 학생들의 발전과 자신감을 크게 향상시켜 주셨습니다.

❸ As the year is about to end, it is time for us to reflect on your contributions and consider the renewal of your contract.
한 해가 막 끝나가면서, 우리가 당신의 기여를 되짚어보고 당신의 계약 갱신을 고려할 때가 되었습니다.

❹ Given your positive impact, we would like to offer an extension of your contract for the next academic year.
당신의 긍정적인 영향을 감안하여, 우리는 다음 학년도 당신의 계약 연장을 제안하고 싶습니다.

❺ We believe your continued involvement will further enhance our students' learning experience and academic achievement.
우리는 당신의 지속적인 참여가 우리 학생들의 학습 경험과 학업 성취를 더욱 향상시킬 것이라 믿습니다.

❻ We look forward to your response. Sincerely, James Martin Principal
우리는 당신의 답변을 기다리겠습니다. 진심을 담아, 교장 James Martin

19 심경

❶ Peter stepped out of the freezing night air and into the brightly lit hospital lobby, holding his three-year-old daughter in his arms.
Peter는 그의 세 살 난 딸을 자신의 팔에 안고, 얼어 붙을 듯한 밤공기를 벗어나 환히 불이 켜진 병원 로비로 들어섰다.

❷ The harsh light made her look even more unwell, her face all red and sweaty.
강렬한 조명이 그녀를 훨씬 더 아파 보이게 만들었고, 그녀의 얼굴은 온통 빨갛고 땀으로 젖어 있었다.

❸ Her fever had started suddenly, just before dinner, but it wouldn't go down despite his efforts.
그녀의 열은 저녁 식사 직전에, 갑자기 시작되었는데, 그의 노력에도 불구하고 열이 내리지 않았다.

❹ At the front desk, he explained her symptoms, his concern growing with every moment.
접수대에서, 그는 그녀의 증상을 설명하였고, 매 순간 그의 걱정이 커졌다.

❺ They were quickly led to the doctor, who reassured him and carefully examined his daughter.
그들은 신속히 의사에게 안내되었고, 의사는 그를 안심시키며 그의 딸을 세심히 진찰했다.

❻ After the doctor gave her a shot, her fever went down and she seemed more comfortable.
의사가 그녀에게 주사를 놓은 후, 그녀의 열이 내렸고 그녀는 한결 편안해 보였다.

❼ As Peter watched her sleep peacefully that night, he felt a wave of calm wash over him.
Peter는 그날 밤 그녀가 평화롭게 잠자는 것을 지켜보며, 그는 안도의 물결이 그에게 밀려오는 것을 느꼈다.

20 요지

❶ Imagine you have the best tea in the world and you put it into a bag that's impermeable.
당신이 세상에서 제일 좋은 차(茶)를 가지고 있고 당신이 그것을 스며들지 않는 티백에 넣는다고 상상해 보라.

❷ It won't work.
그것은 작용하지 않을 것이다.

❸ You just won't be able to make a cup of tea.
당신은 그저 차 한 잔을 만들 수 없을 것이다.

❹ For the teabag to work, it needs to be porous.
티백이 작용하려면, 그것은 구멍이 있어야 한다.

❺ You need the tea and the water to come in contact with each other.
당신은 차와 물이 서로 접촉할 수 있도록 해야 한다.

❻ In our lives too, we cannot survive and thrive in isolation.
우리 삶에서도 마찬가지로, 우리는 고립된 채로는 살아갈 수도 성장할 수도 없다.

❼ Leaders need to be careful not to build walls around themselves that prevent people from reaching out to them.
리더는 사람들이 그들에게 다가오지 못하게 막는 벽을 그들 자신의 주변에 쌓지 않도록 주의해야 한다.

❽ As a leader, you need to be able to touch other people.
리더로서, 당신은 다른 사람들과 접촉할 수 있어야 한다.

❾ The tea was meant to mix with the water.
차는 물과 섞이도록 의도되었다.

❿ Similarly all of us were designed to work with other people, with teams, and with society at large.
마찬가지로 우리 모두도 다른 사람들, 팀, 그리고 더 크게는 사회와 함께 일하도록 설계되었다.

21 주장

❶ It is difficult, if not impossible, to define the limits which reason should impose on the desire for wealth; for there is no absolute or definite amount of wealth which will satisfy a man.

이성이 부에 대한 욕망에 두어야 할 한계를 규정하는 것은, 불가능하지는 않더라도, 어렵다; 왜냐하면 한 사람을 만족시킬 절대적이거나 정해진 부의 양은 없기 때문이다.

❷ The amount is always relative, that is to say, just so much as will maintain the proportion between what he wants and what he gets; for to measure a man's happiness only by what he gets, and not also by what he expects to get, is as pointless as to try and express a fraction which shall have a numerator but no denominator.

그 양은 항상 상대적인데, 즉, 그가 원하는 것과 그가 얻는 것 사이의 비율을 유지할 정도만큼이다; 왜냐하면 한 사람의 행복을 그가 얻는 것만으로 평가하고, 그가 얻기를 기대하는 것까지는 평가하지 않는 것은, 마치 분자가 있지만 분모가 없는 분수를 표현하려는 것만큼 무의미하기 때문이다.

❸ A man never feels the loss of things which it never occurs to him to ask for; he is just as happy without them; whilst another, who may have a hundred times as much, feels miserable because he has not got the one thing he wants.

한 사람은 그가 요구할 생각을 전혀 하지 않은 것들에 대해서는 결코 상실감을 느끼지 않는다; 그는 그것들이 없어도 그만큼 행복하다; 반면, 백 배나 많은 것을 가지고 있을지 모를, 다른 사람은 그가 원하는 한 가지를 그가 가지지 못했기 때문에 비참함을 느낀다.

❹ In fact, every man has a horizon of his own, and he will expect as much as he thinks it is possible for him to get.

사실, 모든 사람은 그만의 지평선을 가지고 있으며, 그는 그가 얻을 수 있다고 생각하는 만큼을 기대할 것이다.

22 의미

❶ All of the restaurants are using carefully chosen words to evoke vivid mental images of delicious food and rich desserts in order to draw the potential customer to their particular establishment.

모든 음식점은 잠재적 고객을 그들의 특정 가게로 끌어들이기 위해 맛있는 음식과 풍부한 디저트의 생생한 마음의 이미지를 불러일으키는 신중하게 선택된 단어를 사용하고 있다.

❷ Just like the restaurants, nature has its own dining establishments.

음식점들과 같이, 자연도 자신만의 식당을 가지고 있다.

❸ In a fashion similar to the restaurants' financial dependence upon drawing in many customers, the restaurateurs of the natural world (i.e., flowers) must also attract potential diners to sample their offerings.

많은 고객을 끌어들이는 것에 대한 음식점의 재정적 의존과 유사한 방식으로, 자연 세계의 음식점 경영자들(즉, 꽃들)도 그들의 제공물을 맛볼 수 있도록 잠재적 식사 손님들을 유혹해야 한다.

❹ In the natural world, there are no neon signs or flashy words in which to market a potential meal to hungry animals.

자연 세계에는, 배고픈 동물들에게 잠재적인 식사를 광고할 수 있는 네온사인이나 화려한 말이 없다.

❺ These restaurants that I am referring to are the world's flowers, and the potential guests are the host of organisms that visit flowers to obtain nectar and other valuable resources.

내가 언급하고 있는 이러한 식당들은 세계의 꽃들이며, 잠재적인 손님들은 넥타와 다른 귀중한 자원을 얻기 위해 꽃을 방문하는 여러 생물들이다.

❻ Instead of using a written language or neon sign, they advertise their offerings just as effectively using the language of smell.

문자 언어나 네온사인을 사용하는 대신, 그들은 그만큼 효과적으로 냄새라는 언어를 사용하여 그들의 제공물을 광고한다.

23 주제

❶ Would you rather receive $1,000 in a year or $1,100 in a year and a month?
당신은 1년 후에 1,000달러를 받을 것인가 아니면 1년 1개월 후에 1,100달러를 받을 것인가?

❷ Most people will opt for the larger sum in thirteen months — where else will you find a monthly interest rate of 10 percent.
대부분의 사람들은 13개월 후 더 큰 금액을 선택할 것이다 — 10퍼센트의 월 이율을 다른 어느 곳에서 찾을 것인가.

❸ A wise choice, since the interest will compensate you generously for any risks you face by waiting the extra few weeks.
현명한 선택인데, 왜냐하면 추가로 몇 주를 기다림으로써 당신이 직면하는 어떤 위험에 대해서도 이자가 당신에게 충분히 보상해 줄 것이기 때문이다.

❹ Second question: Would you prefer $1,000 today cash on the table or $1,100 in a month?
두 번째 질문: 당신은 오늘 당장 현금 1,000달러를 선호하는가 아니면 한 달 후 1,100달러를 선호하는가?

❺ If you think like most people, you'll take the $1,000 right away.
만약 당신이 대부분의 사람들처럼 생각한다면, 당신은 즉시 1,000달러를 가져갈 것이다.

❻ This is amazing. In both cases, if you hold out for just a month longer, you get $100 more.
이는 놀랍다. 두 경우 모두, 당신이 한 달만 더 오래 기다린다면, 100달러를 더 받는다.

❼ In the first case, it's simple enough. You figure: "I've already waited twelve months; what's one more?"
첫 번째 경우, 그것은 충분히 간단하다. 당신은 판단한다: "나는 이미 12개월을 기다렸어; 한 달 더가 뭐라고?"

❽ Not in the second case. The introduction of "now" causes us to make inconsistent decisions.
두 번째 경우는 아니다. "지금"의 도입은 우리가 일관되지 않은 결정을 내리게 만든다.

❾ Science calls this phenomenon hyperbolic discounting.
과학은 이러한 현상을 하이퍼볼릭 디스카운팅 (hyperbolic discounting)이라고 부른다.

❿ The closer a reward is, the higher our "emotional interest rate" rises and the more we are willing to give up in exchange for it.
보상이 더 가까울수록, 우리의 "감정적 이율"이 더 높이 상승하고 우리는 그것을 대가로 더 기꺼이 포기하려 한다.

24 주제

❶ Of central importance for understanding the development of handedness is the answer to the question of when in development it is actually determined whether a child will be left-handed or right-handed.

아이가 왼손잡이가 될지 오른손잡이가 될지가 발달 과정에서 언제 실제로 결정되는지에 대한 질문의 답은 잘 쓰는 쪽 손(handedness)의 발달을 이해하는 데 있어서 매우 중요하다.

❷ It was long thought that handedness could only be reliably determined in elementary school, when a child learns to write.

잘 쓰는 쪽 손은 아이가 글쓰기를 배우는, 초등학교에서 확실히 결정될 수 있다고만 오랫동안 생각되었다.

❸ However, this assumption is incorrect.

그러나, 이 가정은 잘못되었다.

❹ In fact, scientific studies show that left-handedness is established in many children long before elementary school — interestingly, even before birth in most people.

사실, 과학적 연구들은 왼손을 잘 쓰는 것은 많은 아이들에게 초등학교 훨씬 이전에 확립된다는 것을 보여준다—흥미롭게도, 대부분의 사람에게는 심지어 출생 전에.

❺ In such studies, the hand and arm movements of unborn children in the womb are recorded using ultrasound images.

그러한 연구들에서, 자궁에서 태아의 손과 팔의 움직임이 초음파 이미지를 사용하여 기록된다.

❻ Using this technique, it was shown that a clear preference for the movement of the right arm exists as early as 10 weeks after fertilization.

이 기술을 사용하여, 오른팔 움직임에 대한 명확한 선호가 수정 후 10주만큼 일찍 존재한다는 것이 밝혀졌다.

❼ In this study, ultrasound images of 72 unborn children 10 weeks after fertilization were evaluated and 85% showed more movements of the right arm than the left.

이 연구에서는, 수정 후 10주가 된 72명의 태아의 초음파 이미지가 평가되었고 85%가 왼팔보다 오른팔의 더 많은 움직임을 보였다.

❽ This number is already very close to the approximately 89.4% right-handers among adults.

이 수치는 이미 성인들 중 약 89.4%의 오른손잡이에 매우 근접하다.

25 도표

❶ The graph above shows US dairy product imports in selected countries from 2018 to 2020.
위 그래프는 2018년부터 2020년까지 선택된 국가들의 미국 유제품 수입액을 보여준다.

❷ Among the four countries above, Mexico consistently recorded the highest imports of US dairy products from 2018 to 2020.
위의 네 국가 중, 멕시코는 2018년부터 2020년까지 일관되게 가장 높은 미국 유제품 수입액을 기록했다.

❸ However, US dairy product imports in Mexico decreased from 2019 to 2020, while the reverse was true in the other three countries during the same period.
그러나, 멕시코의 미국 유제품 수입액은 2019년부터 2020년까지 감소했고, 반면 같은 기간 동안 다른 세 나라에서는 그 반대가 사실이었다.

❹ In Indonesia, US dairy product imports in 2020 were more than twice those in 2018.
인도네시아에서, 2020년 미국 유제품 수입액은 2018년의 그것들보다 두 배 이상이었다.

❺ The increase in US dairy product imports in the Philippines from 2018 to 2019 was smaller than that in Indonesia in the same period.
2018년에서 2019년까지 필리핀의 미국 유제품 수입액의 증가는 같은 기간 인도네시아의 그것보다 더 작았다.

❻ China was the only country where imports of US dairy products dropped between 2018 and 2019.
중국은 2018년에서 2019년 사이에 미국 유제품 수입액이 떨어진 유일한 국가였다.

26 일치

❶ Filippo Brunelleschi is considered to be the founding father of Renaissance architecture.
Filippo Brunelleschi는 르네상스 건축의 창시자로 여겨진다.

❷ He was born in Florence in 1377.
그는 1377년에 Florence에서 태어났다.

❸ Filippo was artistically talented, and trained as a goldsmith and a clockmaker before becoming an architect.
Filippo는 예술적으로 재능이 있었고, 건축가가 되기 전 금 세공인과 시계공으로 훈련받았다.

❹ When he was around 25, he traveled to Rome with his friend, the sculptor Donatello, where he studied the remains of ancient Roman buildings.
그가 25세일 무렵, 그는 그의 친구인, 조각가 Donatello와 함께 로마로 여행을 갔고, 그곳에서 그는 고대 로마 건물들의 유적을 연구했다.

❺ His first architectural commission was the Ospedale degli Innocenti, which is one of the great Renaissance buildings.
그의 첫 번째 건축 임무는 Ospedale degli Innocenti였고, 그것은 위대한 르네상스 건물들 중 하나이다.

❻ A number of other fine works, including chapels in Florentine churches, strengthened his reputation.
Florence의 교회들의 예배당들을 포함한, 수많은 다른 훌륭한 작품들은 그의 명성을 공고히 했다.

❼ And the stunning dome of Il Duomo is his masterpiece.
그리고 Il Duomo의 멋진 돔은 그의 걸작이다.

❽ He also designed machinery to produce special effects in theatrical productions.
그는 또한 연극 작품들의 특수 효과를 만들기 위한 기계를 설계했다.

❾ He died in Florence and was buried in Il Duomo.
그는 Florence에서 사망했고 Il Duomo에 묻혔다.

27 일치불일치

❶ Youth Leaders Camp
This camp is an annual event to improve your leadership.
청소년 리더 캠프
이 캠프는 여러분의 리더십을 향상하기 위한 연례 행사입니다.

❷ We look forward to meeting you soon in Canada.
우리는 여러분과 캐나다에서 곧 만나기를 고대합니다.

❸ Dates: July 5 – 7, 2025
Ages: 17 – 19
Place: University of Drakemont
Programs
– Day 1: Team Building & Leadership Skills Workshop
– Day 2: Culture Tour
– Day 3: Leadership Project Planning & Presentations
Participation Fee: $700
Notes
– Registration is only available online at www.ylc2025.com.
날짜: 2025년 7월 5일 –7일
연령: 17세 –19세
장소: Drakemont 대학교
프로그램
– 첫째 날: 팀 구성 및 리더십 역량 워크숍
– 둘째 날: 문화 탐방
– 셋째 날: 리더십 프로젝트 기획 및 발표
참가비: 700달러
참고 사항
– 등록은 www.ylc2025.com에서 온라인으로만 가능합니다.

❹ – Participation fee includes everything except for the flight tickets to Canada.
– 참가비에 캐나다행 항공권을 제외한 모든 것이 포함됩니다.

❺ For more information, please visit our website.
더 많은 정보를 위해, 우리 웹사이트를 방문해 주시기 바랍니다

28 일치불일치

❶ Plogging Run
Jog, walk, pick up trash, and conserve the Earth!
플로깅 런
뛰고, 걷고, 쓰레기를 줍고, 지구를 보존하세요!

❷ When: September 13, 2025
Where: Lake Union
Details
– The event starts at 11:00 a.m.
언제: 2025년 9월 13일
어디서: Lake Union
세부 사항
– 행사는 오전 11시에 시작됩니다.

❸ – There is no participation fee.
– 참가비는 없습니다.

❹ – You'll walk and run around the lake while picking up trash.
– 당신은 쓰레기를 주우며 호수 주변을 걷고 달릴 겁니다.

❺ Notes
– Wear comfortable athletic clothes and running shoes for your safety.
참고 사항
– 안전을 위해 편안한 운동복과 운동화를 착용하세요.

❻ – Garbage bags will be provided.
– 쓰레기봉투는 제공될 것입니다.

❼ – If it rains, the event will be cancelled.
– 비가 오면, 행사는 취소될 것입니다.

❽ If you have any questions, please email us at information@ploggingrun.org.
질문이 있으시면, 우리에게 information@ploggingrun.org로 이메일을 보내 주세요.

29 어법

❶ In art, there are a number of ways to use perspective to obtain the illusion of depth, including using colors and graduated values of black and white, and accurately drawing the subject by applying the rules of the geometric system of perspective.

미술에서, 깊이의 착시 효과를 얻기 위해 원근법을 사용하는 많은 방법이 있는데, 색상과 흑백의 그라데이션 값(점진적인 톤 변화)을 이용하는 것과, 원근법의 기하학적 시스템 규칙을 적용함으로써 대상을 정확하게 그리는 것을 포함한다.

❷ In order to achieve perspective, you must make a number of observations.

원근법을 구현하기 위해서, 당신은 많은 관찰을 해야 한다.

❸ The forms or objects that you draw on a flat surface actually have depth and dimension in real life.

당신이 평면에 그리는 형태나 물체는 실제로 실생활에서는 깊이와 차원이 있다.

❹ As you view them and place their shapes and forms on a drawing surface, try to represent that depth to make the objects appear realistic and three-dimensional.

당신은 그것들을 보고 그것들의 모양과 형태를 그림 표면에 배치할 때, 물체들이 현실적이고 3차원처럼 보이도록 그 깊이를 나타내려고 노력하라.

❺ Objects appear differently when viewed from various positions.

물체는 다양한 위치에서 보여질 때 다르게 나타난다.

❻ Because of this, it's important to establish the viewpoint, and stick with it.

이 때문에, 관찰점을 설정하고, 그것을 고수하는 것이 중요하다.

❼ When observing a subject, you see depth and three dimensions.

어떤 대상을 관찰할 때, 당신은 깊이와 3차원을 본다.

❽ When you draw this subject onto a flat surface as it appears to the eye, you are drawing in perspective.

당신이 이 대상을 그것이 눈에 보이는 대로 평면에 그릴 때, 당신은 원근법으로 그리고 있는 것이다.

30 어휘

❶ Low oil prices are a good thing, because it means lower energy costs of production for the majority of industries, not least the automobile and the logistics industries.
낮은 유가는 좋은 것인데, 왜냐하면 그것은 다수의 산업, 특히 자동차와 물류 관리 산업에서 생산을 위한 더 낮은 에너지 비용을 의미하기 때문이다.

❷ Firms directly benefit from the decrease in their costs of production and provision of services.
회사들은 생산 및 서비스 제공 비용의 감소로 직접적으로 혜택을 본다.

❸ This has the effect of stimulating the aggregate supply and provides a stimulus for growth.
이는 총공급을 촉진하는 효과가 있으며 성장에 자극을 제공한다.

❹ Conversely, a sudden rise in oil prices due to a shrink in oil production is never good news, even though it definitely gives a big boost to the energy sector.
반대로, 석유 생산 감소로 인한 유가 급등은, 분명 에너지 부문에 큰 도움을 주기는 하지만, 결코 좋은 소식이 아니다.

❺ A look through the history of oil price fluctuations proves this notion, as this has been the subject of much economic research.
유가 변동 역사의 검토는 이 개념을 확증하는데, 왜냐하면 이것은 많은 경제 연구의 주제였기 때문이다.

❻ Following an oil price jump of 10 per cent due to a contraction in supply, an economy (as typified by the US economy) typically sees its output (GDP) slowed by close to 1 percentage point.
공급 축소로 인한 10퍼센트의 유가 상승에 이어, (미국 경제로 대표되는) 경제는 일반적으로 그것의 생산량(GDP)이 1퍼센트 포인트 가까이 둔화되는 것을 본다.

❼ For a $15 trillion economy, that is a loss of $150 billion in potential wealth or economic growth.
15조 달러 규모의 경제에서, 그것은 잠재적 부 또는 경제 성장에서 1,500억 달러의 손실이다.

❽ Conversely, there has never been much concern with oil price decreases following an excess in its supply.
반대로, 그것의 공급 과잉에 따른 유가 하락에 대해서는 크게 우려한 적이 결코 없었다.

31 빈칸

❶ We might forget an anecdote about a stranger because it makes few connections with our existing associations, but we won't forget a piece of gossip about our cousin.
우리는 그것이 우리의 기존 연상들과 거의 연관성이 없기 때문에 낯선 사람에 관한 일화는 잊을지 모르지만, 우리의 사촌에 관한 소문은 한 부분도 잊지 않을 것이다.

❷ There's one complex network that is larger and quicker to access than all others — the self.
다른 모든 것보다 더 크고 접근하기에 더 빠른 하나의 복잡한 네트워크가 있다—자아.

❸ We've been thinking about ourselves in our whole lives.
우리는 평생 우리 자신에 대해 생각해 왔다.

❹ (In fact, there were entire years during junior high when we weren't capable of thinking about much else.) So if a new piece of information has something to do with us, it will be more easily and thoroughly processed.
(사실, 중학교 시절 내내 우리는 많은 다른 것들을 생각할 수 없었다.) 그래서 어떤 새로운 정보가 우리와 관련이 있다면, 그것은 더 쉽게 그리고 더 철저하게 처리될 것이다.

❺ It hits even closer to home than our actual home — we can take a vacation away from our home, but not from ourselves.
그것은 우리의 실제 집보다 훨씬 더 가깝게 와닿는다—우리는 집으로부터 떠나 휴가를 갈 수 있지만, 우리 자신으로부터는 아니다.

❻ The most effective communicators find ways to make the abstract personal.
가장 효과적인 의사소통자는 추상적인 것을 개인적으로 만드는 방법을 찾는다.

❼ Consider the warning that law schools give to motivate first-year law students concerning the rigors of their program.
로스쿨이 그들의 프로그램의 엄격함에 대해 1학년 법대생들을 동기 부여하기 위해 주는 경고를 생각해 보라.

❽ Hearing that "the first-year dropout rate is 33%" is an abstract statistic.
"첫 해 중도 탈락률은 33%입니다"라고 듣는 것은 추상적인 통계이다.

❾ "Look to your left, look to your right. One of the three of you won't be joining us next fall" wakes up the self.
"당신의 왼쪽을 보세요, 당신의 오른쪽을 보세요. 당신들 세 명 중 한 명은 내년 가을에 우리와 함께하지 않을 것입니다"는 자아를 깨운다.

32 빈칸

❶ Steve Jobs used analogy to get people to embrace the new technology.
Steve Jobs는 사람들이 새로운 기술을 받아들이도록 하기 위해 유사성을 사용했다.

❷ Before computers, people worked in a physical world. We used paper and pens and physical file folders and so on.
컴퓨터 이전에, 사람들은 물리적인 세계에서 일을 했다. 우리는 종이와 펜과 물리적인 파일 폴더 등을 사용했다.

❸ The idea of working in a virtual world was radically different.
가상 세계에서 일한다는 개념은 혁신적으로 달랐다.

❹ Or at least *seemed* radically different.
혹은 적어도 혁신적으로 다르게 보였다.

❺ What Jobs understood was that a physical office was fundamentally similar to a virtual office.
Jobs가 이해한 것은 물리적인 사무실이 근본적으로 가상 사무실과 유사하다는 것이었다.

❻ To win over the masses, Jobs drew strong analogies between the traditional workplace people knew well with the new, unfamiliar virtual workplace.
대중을 사로잡기 위해, Jobs는 사람들이 잘 알고 있는 전통적인 일터와 새롭고, 낯선 가상 일터 간의 강한 유사성을 끌어냈다.

❼ In the pre-computer workplace, when ideas were written on paper it was called ... a document.
컴퓨터 이전의 일터에서, 생각이 종이에 쓰이면 그것은 ... 문서(document)라고 불렸다.

❽ When those documents needed to be stored they were put in ... a folder. And those folders were kept on ... a desk. Documents,
그 문서들이 저장될 필요가 있을 때 그것들은 ... 폴더(folder)에 넣어졌다. 그리고 그 폴더들은 ... 책상(desk)에 보관되었다.

❾ folders, and desktops are the terms we use in our virtual work because Steve Jobs understood that using familiar terms would make the new technology easier to understand.
문서, 폴더, 그리고 데스크탑은 Steve Jobs가 친숙한 용어를 사용하는 것이 새로운 기술을 이해하기 더 쉽게 만들 것이라는 것을 이해했기 때문에 우리가 우리의 가상 작업에서 사용하는 용어들이다.

❿ The parallels between the physical and virtual workplace now seem obvious.
물리적 일터와 가상 일터 사이의 유사점이 지금은 분명해 보인다.

33   빈칸

❶ Turtle hatchlings have, it seems, evolved to crawl toward the light.
갓 부화한 거북이들은 빛을 향해 기어가도록 진화한 듯하다.

❷ For millions of years this was a highly rational and effective strategy because the light on a dark beach represented the reflection of the moon and stars on the water's surface.
수백만 년 동안 이것은 매우 이성적이고 효과적인 전략이었는데 왜냐하면 어두운 해변의 빛은 달과 별이 수면에 반사되는 것을 나타냈기 때문이다.

❸ Following the lights led baby turtles back home to the sea.
빛을 따라가는 것은 새끼 거북이들이 바다로 돌아가게 이끌었다.

❹ The problems started when humans began building beachfront homes and sparkling hotels on the other side of the beach.
문제는 인간이 해변 반대편에 해변가 주택과 번쩍이는 호텔을 짓기 시작할 때 시작되었다.

❺ Now after hatching, turtles heading for the brightest nearby lights were being guided straight into traffic.
이제는 부화한 후에, 근처의 가장 밝은 빛을 향해 가던 거북이들은 곧장 차량으로 유도되고 있었다.

❻ Are self-destructive sea turtles naturally irrational?
자멸적인 바다 거북이들이 선천적으로 비이성적인가?

❼ Yes, in the modern world.
그렇다, 현대 세상에서는.

❽ But there's a deeper truth.
하지만 더 심오한 진실이 있다.

❾ Turtles are basing their decisions on simple cues that were perfectly rational for their ancestors; these days, however, their evolved decision-making mechanisms are being blinded by modern lights.
거북이들은 그들의 결정을 그들의 조상들에겐 완벽하게 이성적이었던 단순한 단서에 기반을 두고 있다; 하지만, 요즘, 그들의 진화된 의사결정 메커니즘은 현대의 빛에 의해 가려지고 있다.

34 빈칸

❶ Sensory organs are the only channels of communication between the brain and the outside world.
감각 기관은 뇌와 외부 세계 사이의 유일한 소통 채널이다.

❷ Simply put, the brain is not designed to sense on its own.
간단히 말해, 뇌는 스스로 감지하도록 설계되지 않았다.

❸ For instance, an exposed brain would neither sense light shining on it nor feel something touching it.
예를 들어, 노출된 뇌는 그것에 비추어지는 빛을 감지하지 못하거나 그것을 접촉하는 어떤 것을 느끼지도 못할 것이다.

❹ In fact, patients are often kept awake during brain surgery, which can help a surgeon isolate specific regions of the brain.
사실상, 환자들은 뇌 수술 중에 종종 계속 깨어 있게 되는데, 이는 외과 의사가 뇌의 특정 영역을 분리하는 데 도움이 될 수 있다.

❺ The ancient Greek philosopher Aristotle recognized this characteristic of the brain over 2,000 years ago when he said, "Nothing is in the mind that does not pass through the senses."
고대 그리스 철학자 아리스토텔레스가 "머릿속에 감각을 통과하지 않는 것은 어떤 것도 없다." 라고 말했을 때, 2,000년 이상 전에 그는 뇌의 이러한 특성을 인식했다.

❻ This concept can be seen clearly when volunteers are blind-folded and placed in the warm water of a sensory deprivation tank.
이 개념은 지원자들이 눈이 가려지고 감각 차단 수조의 따뜻한 물 속에 놓였을 때 명확하게 보여질 수 있다.

❼ They soon experience visual, auditory, and tactile (touch) hallucinations, as well as incoherent thought patterns.
그들은 일관성 없는 사고 패턴뿐만 아니라, 시각적인, 청각적인, 그리고 촉각적인 (접촉) 환각을 곧 경험한다.

❽ From these experiments and others, it is apparent that we need constant input from our senses to carry out functions that give us personality and intellect.
이러한 실험과 다른 것들로, 우리는 우리에게 성격과 지성을 부여하는 기능을 수행하기 위해 우리는 우리의 감각으로부터 지속적인 입력이 필요하다는 것이 명백하다.

35 무관

❶ The writer and zoologist Desmond Morris observed that our feet communicate exactly what we think and feel more honestly than any other part of our bodies.

작가이자 동물학자인 Desmond Morris는 우리의 발이 우리가 생각하는 것을 정확하게 전달하고 우리 몸의 어떤 다른 부위보다 더 정직하게 느낀다는 것을 관찰했다.

❷ Why are the feet and legs such accurate reflectors of our sentiments?

왜 발과 다리는 우리 감정의 그토록 정확한 반사경 인걸까?

❸ For millions of years, long before humans spoke, our legs and feet reacted to environmental threats (e.g., hot sand, ill-tempered lions) instantaneously, without the need for conscious thought.

수백만 년 동안, 인간이 말을 하기 훨씬 이전에, 우리의 다리와 발은 환경적인 위협(예를 들면, 뜨거운 모래, 성질이 나쁜 사자)에 대해, 의식적 사고에 대한 필요 없이, 즉시 반응했다.

❹ Our limbic brains made sure that our feet and legs reacted as needed by either ceasing motion, running away, or kicking at a potential threat.

우리의 변연계 뇌는 움직임을 멈추거나, 도망가거나, 혹은 잠재적인 위협에 저항함으로써 필요에 따라 우리의 발과 다리가 반드시 반응하도록 했다.

❺ This survival regimen, retained from our ancestral heritage, has served us well and continues to do so today.

이러한 생존 양생법은, 우리 조상의 유산으로부터 유지되었으며, 우리에게 도움이 되어 왔고 오늘날에도 계속 그러하다.

❻ In fact, these age-old reactions are still so hardwired in us that when we are presented with something dangerous or even disagreeable, our feet and legs still react as they did in prehistoric times.

사실, 이러한 오래된 반응은 여전히 우리에게 매우 굳어져 있어서 우리가 위험하거나 심지어 불쾌한 것에 직면했을 때, 우리의 발과 다리는 그들이 선사시대에 그랬던 것처럼 여전히 반응한다.

36 순서

❶ The transition from an oral culture, in which knowledge was handed down through stories, songs, and apprenticeships, to a literate one, based on the written word, was held back for centuries by the lack of suitable writing material.

이야기, 노래, 그리고 도제 제도를 통해 지식이 전수되던 구전 문화에서 문자를 기반으로 하는 문자 문화로의 전환은 적절한 쓰기 재료의 부족으로 인해 수 세기 동안 지연되었다.

❷ Stone and clay tablets were used, but they were prone to fracture and were bulky and heavy to transport.

석판과 점토판이 사용되었지만, 그것들은 깨지기 쉽고 운반하기에는 부피가 크고 무거웠다.

❸ Wood suffers from splitting and is susceptible to decay.

목재는 갈라짐을 겪고 부패하기 쉽다.

❹ Wall paintings are static and space is limited.

벽화는 고정되어 있고 공간이 제한되어 있다.

❺ The invention of paper, said to be one of the four great inventions of the Chinese, solved these problems, but it wasn't until the Romans replaced the scroll with the codex — or, as we call it now, the book — that the material reached its full potential.

중국의 4대 위대한 발명품 중 하나로 불리는, 종이의 발명은 이러한 문제들을 해결했지만, 로마인들이 두루마리를 코덱스 — 즉, 우리가 현재 그것을, 책이라고 부르는 것처럼 — 로 대체한 후에야 그 재료가 그것의 완전한 잠재력에 다다랐다.

❻ That was two thousand years ago, and it is still a dominant form of the written word.

그것은 2천 년 전이었으며, 그것은 여전히 문자의 지배적인 형태이다.

❼ That paper, a much softer material than either stone or wood, won out as the guardian of the written word is a remarkable materials story.

돌이나 목재보다 훨씬 더 부드러운 재료인 종이가, 문자의 수호자로서 역할을 해낸 것은 놀라운 재료 이야기이다.

37 순서

❶ A reason for a conclusion is very unlikely to consist in a single claim.
어떤 결론에 대한 어떤 이유가 단 하나의 주장에 존재할 가능성은 매우 낮다.

❷ No matter how we might state it in short-hand, it is, analytically, a complex interaction of many ideas and implications.
우리가 그것을 아무리 빨리 진술하더라도, 그것은, 분석적으로, 많은 아이디어들과 함의들의 복잡한 상호작용이다.

❸ The reason must be broken down into a chain of more precise premises.
그 이유는 더 정확한 전제들의 연결 고리로 나누어져야 한다.

❹ For example, the claim that 'university education should be free for all Australians' might be supported by the reason that 'the economy benefits from a well-educated Australian population'.
예를 들어, '대학 교육이 모든 호주인에게 무료여야 한다'라는 주장은 '경제가 잘 교육 받은 호주 인구로 인해 이익을 본다'라는 이유로 뒷받침될 수도 있다.

❺ But is our analysis of the situation clearly expressed in just one statement?
하지만 그 상황에 대한 우리의 분석이 단 하나의 진술로 명확하게 표현되는가?

❻ Hardly.
거의 아니다.

❼ The conclusion is about universities and free education, while the reason introduces some new ideas: economic benefit and a well-educated population.
그 결론은 대학과 무상 교육에 관한 것인 반면에, 그 이유는 몇 가지 새로운 아이디어를 도입한다: 경제적 이익과 잘 교육 받은 인구.

❽ While the link between these two ideas and the conclusion might seem obvious, the purpose of reasoning is to avoid assuming the 'obvious' by carefully working through the connections between the various ideas in the initial statement of our reason.
이 두 아이디어와 그 결론 사이의 연결이 명백해 보일 수도 있지만, 추론의 목적은 우리의 이유에 대한 초기 진술에서 다양한 아이디어들 간의 연결을 신중하게 살펴봄으로써 '명백한' 것을 가정하는 것을 피하는 것이다.

38 삽입

❶ The word "migration" is almost always reported in the popular media and even in scientific literature as a problem or a crisis.
"이주"라는 단어는 대중 매체와 심지어 과학 문헌에서도 문제나 위기로 거의 항상 보도된다.

❷ For example, migrants are assumed to overcrowd cities, clog up labor markets, and increase poverty.
예를 들어, 이주민들이 도시를 과밀화시키고, 노동 시장을 막히게 하며, 빈곤을 증가시킨다고 가정된다.

❸ The other questionable assumption is that most migration is involuntary — people fleeing natural or man-made disasters.
또 다른 의문스러운 가정은 대부분의 이주가 본의가 아니라는 것이다 — 자연적 또는 인위적인 재난을 피해 떠나는 사람들.

❹ The reality, however, is more complex, and many migrants are simply seeking greater economic opportunity.
그러나, 현실은 더 복잡하고, 많은 이주민들은 단순히 더 큰 경제적 기회를 찾고 있다.

❺ Of course migration can and does create social and economic problems.
물론 이주는 사회적, 경제적 문제를 일으킬 수 있고 정말로 일으킨다.

❻ But migration can also be a solution for many preexisting problems.
하지만 이주는 또한 많은 기존의 문제에 대한 해결책이 될 수 있다.

❼ For example, out-migration generally redistributes workers from places of labor surplus to areas where there is greater demand or more opportunity.
예를 들어, 외부 이주는 일반적으로 노동 과잉 지역에서 더 큰 수요나 더 많은 기회가 있는 지역으로 노동자를 재분배한다.

❽ Migration is generally selective of persons who are younger, healthier, more flexible, and more willing to endure hardship in hopes of a better life relative to their prospects in their places of origin.
이주는 더 젊고, 더 건강하고, 더 유연하며, 그들의 본거지에서의 그들의 전망에 비해 더 나은 삶을 희망하며 고난을 더 기꺼이 견딜 사람들을 일반적으로 선택한다.

❾ Most research that examines long-term outcomes of migration, including remittances and intergenerational mobility, finds positive "long-term" effects on places of origin and destination.
이주의 장기적인 결과를 조사하는 대부분의 연구는, 송금과 세대 간 이동을 포함하여, 본거지와 목적지에서 긍정적인 "장기적" 효과를 발견한다.

39 삽입

❶ The big problem with money created by the government is that those who run the government always face the temptation to create more money and spend it.

정부에 의해 만들어지는 돈에 대한 큰 문제는 정부를 운영하는 사람들이 더 많은 돈을 만들고 그것을 쓰고 싶은 유혹에 항상 직면한다는 것이다.

❷ Whether among ancient kings or modern politicians, this has happened again and again over the centuries, leading to inflation and the many economic and social problems that follow from inflation.

고대 왕들 중에서나 현대 정치인들 중에서든, 이것은 수세기 동안 반복되어 일어났으며, 그로 인해 인플레이션과 인플레이션에서 비롯되는 많은 경제적, 사회적 문제들을 초래했다.

❸ For this reason, many countries have preferred using gold, silver, or some other material that is inherently limited in supply, as money.

이러한 이유로, 많은 국가들은 금, 은, 또는 본질적으로 공급이 제한된 어떤 다른 물질을, 돈으로 사용하는 것을 선호해 왔다.

❹ It is a way of depriving governments of the power to expand the money supply to inflationary levels.

그것은 정부에게서 돈 공급을 인플레이션 수준으로 확장할 수 있는 권한을 박탈하는 방법이다.

❺ Gold has long been considered ideal for this purpose, since the supply of gold in the world usually cannot be increased rapidly.

금은 오랫동안 이 목적에 이상적인 것으로 여겨져 왔는데, 전 세계의 금 공급이 보통 급격히 증가될 수 없기 때문이다.

❻ When paper money is convertible into gold whenever the individual chooses to do so, then the money is said to be "backed up" by gold.

개인이 그렇게 하기를 선택할 때마다 종이돈이 금으로 전환될 수 있을 때, 그러면 그 돈은 금에 의해 "보장된다"라고 말해진다.

❼ This expression is misleading only if we imagine that the value of the gold is somehow transferred to the paper money, when in fact the real point is that the gold simply limits the amount of paper money that can be issued.

이 표현은 우리가 금의 가치가 어떤 방식으로든 종이돈으로 전환된다고 생각하는 경우에만 오해를 살 수 있는데, 이때 사실상 진짜 요점은 금은 발행될 수 있는 종이돈의 양을 단순히 제한한다는 것이다.

40 요약

❶ The study of emotions and decision making is now of considerable importance.
감정과 의사결정에 관한 연구는 이제 상당히 중요하다.

❷ This involves the application of various tools afforded by neuroscience.
이것은 신경과학에 의해 제공되는 다양한 도구의 적용을 포함한다.

❸ One important stream of the literature examines people with brain damage and how damage to particular parts of the brain known to be responsible for particular cognitive functions impacts on decision making.
문헌의 한 가지 중요한 흐름은 뇌 손상이 있는 사람과 특정 인지 기능을 담당하는 것으로 알려진 뇌의 특정 부분 손상이 의사결정에 어떻게 영향을 주는지 고찰하는 것이다.

❹ One example of this research is the work of Antonio Damasio, who finds that when the emotional part of the brain is damaged, this actually reduces the efficacy of decision making.
이러한 연구의 한 예는 Antonio Damasio의 연구인데, 그는 뇌의 감정적인 부분이 손상되면, 이것이 실제로 의사결정의 효율성을 감소시킨다는 것을 발견한다.

❺ Good decisions are a product of the emotional part of the brain working in conjunction with the deliberative part.
좋은 결정은 뇌의 감정적인 부분이 숙고적인 부분과 함께 작용하는 결과물이다.

❻ This contradicts the assumptions of conventional economics, where emotions play a negative role in the decision-making process.
이것은 전통적인 경제학의 가정과 모순되는데, 그것에서는 감정이 의사결정 과정에서 부정적인 역할을 한다.

❼ Here it is assumed that decision making can be modeled as being generated in a stoic, unemotional fashion, and that's why decisions tend to be optimal.
여기서는 의사결정이 냉정하고, 감정적이지 않은 방식으로 이루어지는 것으로 모델링될 수 있고, 그렇기 때문에 결정이 최적인 경향이 있다고 가정된다.

❽ But the evidence suggests that emotions actually play an important and, often, a positive role in decision making.
그러나 증거는 감정은 실제로 의사결정에 중요하고, 종종, 긍정적인 역할을 한다는 것을 시사한다.

41~42 제목, 어휘

❶ Shoppers confronted with the choice of thirty different varieties of gourmet chocolates are more likely to walk away without buying any, compared with when they are presented with only half a dozen choices.

서른 가지 서로 다른 종류의 고급 초콜릿 중의 선택에 직면한 쇼핑객들은, 여섯 가지의 선택지만 제시받았을 때와 비교했을 때, 어떤 것도 사지 않고 떠날 가능성이 더 높다.

❷ If employees are given a free trip to Paris, they are happy. If you give them a free trip to Hawaii, they are happy. But if you offer them the choice between the two destinations, they are less happy, no matter what they choose.

직원들이 파리로의 무료 여행을 제공받으면, 그들은 행복하다. 당신이 그들에게 하와이로의 무료 여행을 제공하면, 그들은 행복하다. 하지만 당신이 두 목적지 중 선택권을 준다면, 그들은 무엇을 선택하든, 덜 행복하다.

❸ Why might choice be so disruptive?

선택이 왜 그렇게 혼란스러울 수 있을까?

❹ The reason is that choice forces us to make comparisons and acknowledge relative disadvantages.

그 이유는 선택이 우리로 하여금 비교를 하고 상대적인 단점을 인정하도록 강요하기 때문이다.

❺ People who choose Paris complain that it doesn't have the ocean and those who choose Hawaii regret that it doesn't have the museums.

파리를 선택하는 사람들은 바다가 없다고 불평하고 하와이를 선택하는 사람들은 박물관이 없다고 후회한다.

❻ Psychologist Barry Schwartz calls this the 'tyranny of choice' because rather than providing freedom, it actually constrains our decision-making.

심리학자 Barry Schwartz는 이를 '선택의 횡포'라고 부르는데 이는 자유를 제공하기보다는, 그것은 실제로 우리의 의사 결정을 제약하기 때문이다.

❼ He argues that wider choice increases unhappiness because we worry that we are going to make the wrong decision and so we get stressed about trying to process all the comparisons in an effort to get it right.

그는 더 더 많은 선택이 불행을 증가시킨다고 주장하는데, 우리는 잘못된 결정을 내릴 것을 걱정할 것이고 그래서 우리는 그것을 올바르게 하려는 노력으로 모든 비교들을 처리하려고 노력하는 것에 스트레스를 받기 때문이다.

❽ This both increases our fear of making the wrong choice and raises expectations that we should be able to get the best choice.

이는 잘못된 선택을 하는 것에 대한 우리의 두려움을 증가시키고 우리가 최상의 선택을 할 수 있어야 한다는 기대를 함께 높인다.

❾ Having made the choice, we then start to regret, wondering whether it was the right one.

선택을 하면, 그 후 우리는 후회하기 시작하며, 그것이 옳은 것이었는지 궁금해한다.

43~45　순서, 지칭, 세부 내용

❶ As the train pulled into a quiet countryside station, the gentle chatter of passengers filled the air.
기차가 조용한 시골 역에 정차하자, 승객들의 부드러운 대화 소리가 공기를 가득 채웠다.

❷ Linda was excited to finally visit her grandparents after two years.
Linda는 2년 만에 드디어 조부모님을 방문하게 되어 들떠 있었다.

❸ She watched people getting onto the train and hurriedly finding their seats.
그녀는 사람들이 기차에 올라타고 분주히 그들의 좌석을 찾는 것을 보았다.

❹ A moment later, an elderly woman struggled with a heavy bag, trying to sit down next to her.
잠시 후, 한 노인이 무거운 가방과 씨름하였고, 그녀 옆에 앉으려 했다.

❺ The bag seemed almost too big for her small body.
그 가방은 그녀의 작은 몸집에 비해 거의 너무 커 보였다.

❻ Linda hesitated, unsure if the elderly woman would want her help.
Linda는 그 노인이 자신의 도움을 원할지 확신이 서지 않아, 망설였다.

❼ But soon, she chose to assist the woman. "Let me help you with your bag," she said.
그러나 곧, 그녀는 그 여성을 돕기로 했다. "제가 가방 드는 것을 도와 드릴게요,"라고 그녀가 말했다.

❽ Before she could reach the bag, the elderly woman suddenly lost her balance and fell down. She lay on her back, and her face was pale.
그녀가 그 가방에 (손을) 닿기 전에, 그 노인은 갑자기 균형을 잃고 쓰러졌다. 그녀는 등을 바닥에 대고 누워 있었고, 그녀의 얼굴은 창백했다.

❾ Linda froze for a moment, feeling the urgency of the situation. She quickly knelt down beside the fallen woman, as a few people rushed over.
Linda는 상황의 긴박함을 느끼며, 순간 얼어붙었다. 그녀는 재빨리 쓰러진 여성의 곁에 무릎을 꿇었고, 그때 몇몇 사람들이 서둘러 달려왔다.

❿ Linda carefully tapped the elderly woman's shoulder to check if she was alright.
Linda는 그 노인의 어깨를 조심스럽게 두드려 그녀가 괜찮은지 확인했다.

⓫ The woman groaned softly, trying to gather her strength. Linda moved closer, sliding a hand under the woman's back.
그 여성은 살며시 끙 소리를 내며 힘을 내려 노력했다. Linda는 가까이 다가가, 그 여성의 등 아래로 손을 살며시 넣었다.

⓬ As the woman's eyes slowly opened, she reassured her softly, "It's okay, just relax for a moment."
그 여성의 눈이 천천히 떠지자, 그녀는 "괜찮아요, 잠시만 편하게 계세요."라고 상냥하게 그녀를 안심시켰다.

⓭ Linda helped the woman sit up slowly, then guided her back to her seat.
Linda는 그 여성이 천천히 일어나 앉을 수 있도록 도왔고, 그 후 그녀를 자신의 자리로 돌아가도록 안내했다.

⓮ As the situation settled, people around went back to their seats.
상황이 안정되자, 주변 사람들이 다시 그들의 좌석으로 돌아갔다.

⓯ As the elderly woman finally calmed down, she looked at Linda with a smile.
그 노인이 마침내 안정을 찾자, 그녀는 미소를 지으며 Linda를 보았다.

⓰ "I'm so sorry," she said. "I have low blood pressure, and the sudden movement of the train must have made me feel dizzy. Thank you so much for helping me."
"정말 미안해요,"라고 그녀가 말했다. "제가 저혈압이 있는데, 기차가 갑자기 움직여 제가 어지러움을 느꼈던 것이 분명해요. 저를 도와줘서정말 고마워요."

⓱ Linda nodded gently in response, then turned her gaze back to the peaceful countryside scene.
Linda는 대답으로 부드럽게 고개를 끄덕인 후, 그녀의 시선을 다시 평화로운 시골 풍경으로 돌렸다.

⓲ She thought that no matter how unsure she might feel, even the smallest act of help is much better for someone in need than doing nothing.
그녀는 아무리 그녀가 확신이 서지 않게 느껴지더라도, 가장 작은 도움의 행위조차도 필요한 사람에게는 아무것도 하지 않는 것보다는 훨씬 더 나은 일이라고 생각했다.

2025 고2 6월 모의고사 ❶ 회차 :   점 / 230점

❶ voca   ❷ text   ❸ [/]   ❹ ____   ❺ quiz 1   ❻ quiz 2   ❼ quiz 3   ❽ quiz 4   ❾ quiz 5

18

Dear Ms. Lopez,

We want to [**express** / **be expressed**]1) our gratitude for your dedication as a Spanish instructor. With exceptional teaching skills, you have [**significant** / **significantly**]2) improved our students' progress and confidence in Spanish. As the year is about to end, it is time for us to reflect on your contributions and [**consider** / **considering**]3) the renewal of your contract. Given your positive impact, we would like to offer an [**extension** / **intention**]4) of your contract for the next academic year. We believe your continued involvement will [**farther** / **further**]5) enhance our students' learning experience and academic achievement. We look forward to your response.

Sincerely,

James Martin

Principal

Lopez님께,

우리는 스페인어 강사로서의 당신의 헌신에 감사를 표하고 싶습니다. 뛰어난 교수 능력으로, 당신은 스페인어에서의 우리 학생들의 발전과 자신감을 크게 향상시켜 주셨습니다. 한 해가 막 끝나가면서, 우리가 당신의 기여를 되짚어보고 당신의 계약 갱신을 고려할 때가 되었습니다. 당신의 긍정적인 영향을 감안하여, 우리는 다음 학년도 당신의 계약 연장을 제안하고 싶습니다. 우리는 당신의 지속적인 참여가 우리 학생들의 학습 경험과 학업 성취를 더욱 향상시킬 것이라 믿습니다. 우리는 당신의 답변을 기다리겠습니다.
진심을 담아,
교장 James Martin

19

Peter stepped out of the freezing night air and into the [**bright** / **brightly**]6) lit hospital lobby, [**held** / **holding**]7) his three-year-old daughter in his arms. The harsh light made her look even more unwell, her face all red and sweaty. Her fever [**had** / **has**]8) started suddenly, just before dinner, but it wouldn't go down [**although** / **despite**]9) his efforts. At the front desk, he explained her symptoms, his concern [**growing** / **grown**]10) with every moment. They were quickly led to the doctor, who reassured him and [**careful** / **carefully**]11) examined his daughter. After the doctor gave her a shot, her fever went down and she seemed more comfortable. As Peter [**watched** / **watching**]12) her sleep peacefully that night, he felt a wave of calm wash over him.

Peter는 그의 세 살 난 딸을 자신의 팔에 안고, 얼어 붙을 듯한 밤공기를 벗어나 환히 불이 켜진 병원 로비로 들어섰다. 강렬한 조명이 그녀를 훨씬 더 아파 보이게 만들었고, 그녀의 얼굴은 온통 빨갛고 땀으로 젖어 있었다. 그녀의 열은 저녁 식사 직전에, 갑자기 시작되었는데, 그의 노력에도 불구하고 열이 내리지 않았다. 접수대에서, 그는 그녀의 증상을 설명하였고, 매 순간 그의 걱정이 커졌다. 그들은 신속히 의사에게 안내되었고, 의사는 그를 안심시키며 그의 딸을 세심히 진찰했다. 의사가 그녀에게 주사를 놓은 후, 그녀의 열이 내렸고 그녀는 한결 편안해 보였다. Peter는 그날 밤 그녀가 평화롭게 잠자는 것을 지켜보며, 그는 안도의 물결이 그에게 밀려오는 것을 느꼈다.

20

[Imagine / Imagining]13) you have the best tea in the world and you put it into a bag that's impermeable. It won't work. You just won't be able to [make / be made]14) a cup of tea. For the teabag to work, it needs to be porous. You need the tea and the water to come in [contact / contract]15) with each other. In our lives too, we cannot survive and thrive in isolation. Leaders need to be [careful / carefully]16) not to build walls around themselves that prevent people from [reach / reaching]17) out to them. As a leader, you need to be able to touch [other / the other]18) people. The tea was meant to mix with the water. Similarly all of us [were / x]19) designed to work with [other / the other]20) people, with teams, and with society at large.

당신이 세상에서 제일 좋은 차(茶)를 가지고 있고 당신이 그것을 스며들지 않는 티백에 넣는다고 상상해 보라. 그것은 작용하지 않을 것이다. 당신은 그저 차 한 잔을 만들 수 없을 것이다. 티백이 작용하려면, 그것은 구멍이 있어야 한다. 당신은 차와 물이 서로 접촉할 수 있도록 해야 한다. 우리 삶에서도 마찬가지로, 우리는 고립된 채로는 살아갈 수도 성장할 수도 없다. 리더는 사람들이 그들에게 다가오지 못하게 막는 벽을 그들 자신의 주변에 쌓지 않도록 주의해야 한다. 리더로서, 당신은 다른 사람들과 접촉할 수 있어야 한다. 차는 물과 섞이도록 의도되었다. 마찬가지로 우리 모두도 다른 사람들, 팀, 그리고 더 크게는 사회와 함께 일하도록 설계되었다.

21

It is difficult, if not impossible, to define the limits [which / in which]21) reason should impose on the desire for wealth; for there is no [absolute / absolutely]22) or [definite / definitely]23) amount of wealth which will satisfy a man. The amount is always [relative / relatively]24), that is to say, just so much as will maintain the proportion between what he wants and what he gets; for to measure a man's happiness only by what he gets, and not also by what he expects to get, [are / is]25) as pointless as to try and express a fraction [which / in which]26) shall have a numerator but no denominator. A man never feels the loss of things [where / which]27) it never occurs to him to ask for; he is just as happy without [them / themselves]28); whilst another, who may have a hundred times as much, feels miserable [because / because of]29) he has not got the one thing he wants. In fact, every man has a horizon of his own, and he will expect as much as he thinks it is [possible / impossible]30) for him to get.

이성이 부에 대한 욕망에 두어야 할 한계를 규정하는 것은, 불가능하지는 않더라도, 어렵다; 왜냐하면 한 사람을 만족시킬 절대적이거나 정해진 부의 양은 없기 때문이다. 그 양은 항상 상대적인데, 즉, 그가 원하는 것과 그가 얻는 것 사이의 비율을 유지할 정도만큼이다; 왜냐하면 한 사람의 행복을 그가 얻는 것만으로 평가하고, 그가 얻기를 기대하는 것까지는 평가하지 않는 것은, 마치 분자가 있지만 분모가 없는 분수를 표현하려는 것만큼 무의미하기 때문이다. 한 사람은 그가 요구할 생각을 전혀 하지 않은 것들에 대해서는 결코 상실감을 느끼지 않는다; 그는 그것들이 없어도 그만큼 행복하다; 반면, 백 배나 많은 것을 가지고 있을지 모를, 다른 사람은 그가 원하는 한 가지를 그가 가지지 못했기 때문에 비참함을 느낀다. 사실, 모든 사람은 그만의 지평선을 가지고 있으며, 그는 그가 얻을 수 있다고 생각하는 만큼을 기대할 것이다.

22

All of the restaurants are [**used** / **using**]³¹⁾ carefully chosen words to [**evoke** / **invoke**]³²⁾ vivid mental images of delicious food and rich desserts in order to draw the [**potential** / **potentially**]³³⁾ customer to their particular establishment. Just like the restaurants, nature has its own dining establishments. In a fashion similar to the restaurants' financial [**dependence** / **independence**]³⁴⁾ upon drawing in many customers, the restaurateurs of the natural world (i.e., flowers) must also [**attract** / **be attracted**]³⁵⁾ potential diners to sample their offerings. In the natural world, there are no neon signs or flashy words [**in** / **x**]³⁶⁾ which to market a potential meal to hungry animals. These restaurants [**that** / **what**]³⁷⁾ I am referring to [**are** / **is**]³⁸⁾ the world's flowers, and the potential guests are the host of organisms that visit flowers to obtain nectar and [**other** / **the other**]³⁹⁾ valuable resources. Instead [**of** / **x**]⁴⁰⁾ using a written language or neon sign, they advertise their offerings just as [**effective** / **effectively**]⁴¹⁾ using the language of smell.

모든 음식점은 잠재적 고객을 그들의 특정 가게로 끌어들이기 위해 맛있는 음식과 풍부한 디저트의 생생한 마음의 이미지를 불러일으키는 신중하게 선택된 단어를 사용하고 있다. 음식점들과 같이, 자연도 자신만의 식당을 가지고 있다. 많은 고객을 끌어들이는 것에 대한 음식점의 재정적 의존과 유사한 방식으로, 자연 세계의 음식점 경영자들(즉, 꽃들)도 그들의 제공물을 맛볼 수 있도록 잠재적 식사 손님들을 유혹해야 한다. 자연 세계에는, 배고픈 동물들에게 잠재적인 식사를 광고할 수 있는 네온사인이나 화려한 말이 없다. 내가 언급하고 있는 이러한 식당들은 세계의 꽃들이며, 잠재적인 손님들은 넥타와 다른 귀중한 자원을 얻기 위해 꽃을 방문하는 여러 생물들이다. 문자 언어나 네온사인을 사용하는 대신, 그들은 그만큼 효과적으로 냄새라는 언어를 사용하여 그들의 제공물을 광고한다.

23

Would you rather receive $1,000 in a year or $1,100 in a year and a month? Most people will opt [**for** / **to**]⁴²⁾ the larger sum in thirteen months — where else will you find a monthly interest rate of 10 percent. A [**wise** / **wisely**]⁴³⁾ choice, since the interest will compensate you [**generous** / **generously**]⁴⁴⁾ for any risks you face by waiting the extra few weeks. Second question: Would you prefer $1,000 today cash on the table or $1,100 in a month? If you think [**like** / **alike**]⁴⁵⁾ most people, you'll take the $1,000 right away. This is amazing. In both [**case** / **cases**]⁴⁶⁾, if you hold out for just a month longer, you get $100 more. In the first case, it's simple enough. You figure: "I've already [**waited** / **waiting**]⁴⁷⁾ twelve months; what's one more?" Not in the second case. The introduction of "now" causes us to make [**consistent** / **inconsistent**]⁴⁸⁾ decisions. Science calls this phenomenon *hyperbolic discounting*. The closer a reward is, the [**higher** / **lower**]⁴⁹⁾ our "emotional interest rate" rises and the more we are [**willing** / **unwilling**]⁵⁰⁾ to give up in exchange for it.

당신은 1년 후에 1,000달러를 받을 것인가 아니면 1년 1개월 후에 1,100달러를 받을 것인가? 대부분의 사람들은 13개월 후 더 큰 금액을 선택할 것이다 — 10퍼센트의 월 이율을 다른 어느 곳에서 찾을 것인가. 현명한 선택인데, 왜냐하면 추가로 몇 주를 기다림으로써 당신이 직면하는 어떤 위험에 대해서도 이자가 당신에게 충분히 보상해 줄 것이기 때문이다. 두 번째 질문: 당신은 오늘 당장 현금 1,000달러를 선호하는가 아니면 한 달 후 1,100달러를 선호하는가? 만약 당신이 대부분의 사람들처럼 생각한다면, 당신은 즉시 1,000달러를 가져갈 것이다. 이는 놀랍다. 두 경우 모두, 당신이 한 달만 더 오래 기다린다면, 100달러를 더 받는다. 첫 번째 경우, 그것은 충분히 간단하다. 당신은 판단한다: "나는 이미 12개월을 기다렸어; 한 달 더가 뭐라고?" 두 번째 경우는 아니다. "지금"의 도입은 우리가 일관되지 않은 결정을 내리게 만든다. 과학은 이러한 현상을 하이퍼볼릭 디스카운팅 (hyperbolic discounting)이라고 부른다. 보상이 더 가까울수록, 우리의 "감정적 이율"이 더 높이 상승하고 우리는 그것을 대가로 더 기꺼이 포기하려 한다.

24

Of central importance for understanding the development of handedness [**are** / **is**]51) the answer to the question of [**when** / **where**]52) in development it is actually determined whether a child will be left-handed or right-handed. It was long thought that handedness could only be [**reliable** / **reliably**]53) determined in elementary school, [**when** / **here**]54) a child learns to write. However, this assumption is incorrect. In fact, scientific studies show that left-handedness [**is** / **x**]55) established in many children long before elementary school — interestingly, even before birth in most people. In such studies, the hand and arm movements of unborn children in the womb [**are** / **is**]56) recorded using ultrasound images. [**Used** / **Using**]57) this technique, it was shown [**that** / **what**]58) a clear preference for the movement of the right arm exists as early as 10 weeks after fertilization. In this study, ultrasound images of 72 unborn children 10 weeks after fertilization [**was** / **were**]59) evaluated and 85% [**showed** / **showing**]60) more movements of the right arm than the left. This number is already very [**close** / **closely**]61) to the approximately 89.4% right-handers among adults.

아이가 왼손잡이가 될지 오른손잡이가 될지가 발달 과정에서 언제 실제로 결정되는지에 대한 질문의 답은 잘 쓰는 쪽 손(handedness)의 발달을 이해하는 데 있어서 매우 중요하다. 잘 쓰는 쪽 손은 아이가 글쓰기를 배우는, 초등학교에서 확실히 결정될 수 있다고만 오랫동안 생각되었다. 그러나, 이 가정은 잘못되었다. 사실, 과학적 연구들은 왼손을 잘 쓰는 것은 많은 아이들에게 초등학교 훨씬 이전에 확립된다는 것을 보여준다―흥미롭게도, 대부분의 사람에게는 심지어 출생 전에. 그러한 연구들에서, 자궁에서 태아의 손과 팔의 움직임이 초음파 이미지를 사용하여 기록된다. 이 기술을 사용하여, 오른팔 움직임에 대한 명확한 선호가 수정 후 10주만큼 일찍 존재한다는 것이 밝혀졌다. 이 연구에서는, 수정 후 10주가 된 72명의 태아의 초음파 이미지가 평가되었고 85%가 왼팔보다 오른팔의 더 많은 움직임을 보였다. 이 수치는 이미 성인들 중 약 89.4%의 오른손잡이에 매우 근접하다.

25

The graph above shows US [**daily** / **dairy**]62) product [**exports** / **imports**]63) in selected countries from 2018 to 2020. Among the four countries above, Mexico consistently recorded the [**highest** / **lowest**]64) imports of US dairy products from 2018 to 2020. However, US dairy product imports in Mexico decreased from 2019 to 2020, while the reverse was true in the other three countries [**during** / **while**]65) the same period. In Indonesia, US dairy product imports in 2020 were more than twice those in 2018. The increase in US dairy product imports in the Philippines from 2018 to 2019 was smaller than [**that** / **those**]66) in Indonesia in the same period. China was the only country where imports of US dairy products dropped between 2018 and 2019.

위 그래프는 2018년부터 2020년까지 선택된 국가들의 미국 유제품 수입액을 보여준다. 위의 네 국가 중, 멕시코는 2018년부터 2020년까지 일관되게 가장 높은 미국 유제품 수입액을 기록했다. 그러나, 멕시코의 미국 유제품 수입액은 2019년부터 2020년까지 감소했고, 반면 같은 기간 동안 다른 세 나라에서는 그 반대가 사실이었다. 인도네시아에서, 2020년 미국 유제품 수입액은 2018년의 그것들보다 두 배 이상이었다. 2018년에서 2019년까지 필리핀의 미국 유제품 수입액의 증가는 같은 기간 인도네시아의 그것보다 더 작았다. 중국은 2018년에서 2019년 사이에 미국 유제품 수입액이 떨어진 유일한 국가였다.

26

Filippo Brunelleschi [is / x]67) considered to be the founding father of Renaissance architecture. He was born in Florence in 1377. Filippo was artistically talented, and [trained / training]68) as a goldsmith and a clockmaker before becoming an architect. When he was around 25, he traveled to Rome with his friend, the sculptor Donatello, where he studied the [remain / remains]69) of ancient Roman buildings. His first architectural commission was the Ospedale degli Innocenti, which is one of the great Renaissance [building / buildings]70). [A / The]71) number of other fine works, including chapels in Florentine churches, strengthened his reputation. And the [stunned / stunning]72) dome of Il Duomo is his masterpiece. He also [designed / was designed]73) machinery to produce special effects in theatrical productions. He died in Florence and [was / x]74) buried in Il Duomo.

Filippo Brunelleschi는 르네상스 건축의 창시자로 여겨진다. 그는 1377년에 Florence에서 태어났다. Filippo는 예술적으로 재능이 있었고, 건축가가 되기 전 금 세공인과 시계공으로 훈련받았다. 그가 25세일 무렵, 그는 그의 친구인, 조각가 Donatello와 함께 로마로 여행을 갔고, 그곳에서 그는 고대 로마 건물들의 유적을 연구했다. 그의 첫 번째 건축 임무는 Ospedale degli Innocenti였고, 그것은 위대한 르네상스 건물들 중 하나이다. Florence의 교회들의 예배당들을 포함한, 수많은 다른 훌륭한 작품들은 그의 명성을 공고히 했다. 그리고 Il Duomo의 멋진 돔은 그의 걸작이다. 그는 또한 연극 작품들의 특수 효과를 만들기 위한 기계를 설계했다. 그는 Florence에서 사망했고 Il Duomo에 묻혔다.

27

Youth Leaders Camp

This camp is an [**annual / annually**]75) event to improve your leadership.

We look forward to [**meet / meeting**]76) you soon in Canada.

Dates: July 5 - 7, 2025

Ages: 17 - 19

Place: University of Drakemont

Programs

- Day 1: Team Building & Leadership Skills Workshop

- Day 2: Culture Tour

- Day 3: Leadership Project Planning & Presentations

Participation Fee: $700

Notes

- Registration is only available online at www.ylc2025.com.

- Participation fee includes [**everything / something**]77) except for the flight tickets to Canada.

For more information, please visit our website.

청소년 리더 캠프
이 캠프는 여러분의 리더십을 향상하기 위한 연례 행사입니다. 우리는 여러분과 캐나다에서 곧 만나기를 고대합니다.
날짜: 2025년 7월 5일 -7일
연령: 17세 -19세
장소: Drakemont 대학교
프로그램
- 첫째 날: 팀 구성 및 리더십 역량 워크숍
- 둘째 날: 문화 탐방
- 셋째 날: 리더십 프로젝트 기획 및 발표
참가비: 700달러
참고 사항
- 등록은 www.ylc2025.com에서 온라인으로만 가능합니다.
- 참가비에 캐나다행 항공권을 제외한 모든 것이 포함됩니다.
더 많은 정보를 위해, 우리 웹사이트를 방문해 주시기 바랍니다

28

Jog, walk, pick up trash, and [**conserve / converse**]78) the Earth!

When: September 13, 2025

Where: Lake Union

Details

- The event starts at 11:00 a.m.

- There is no participation fee.

- You'll walk and run around the lake [**during / while**]79) picking up trash.

Notes

- Wear comfortable athletic clothes and running shoes for your safety.

- Garbage bags will be provided.

- If it rains, the event will be cancelled.

If you have any questions, please email us at information@ploggingrun.org.

Plogging Run
뛰고, 걷고, 쓰레기를 줍고, 지구를 보존하세요!
언제: 2025년 9월 13일
어디서: Lake Union
세부 사항
- 행사는 오전 11시에 시작됩니다.
- 참가비는 없습니다.
- 당신은 쓰레기를 주우며 호수 주변을 걷고 달릴 겁니다.
참고 사항
- 안전을 위해 편안한 운동복과 운동화를 착용하세요.
- 쓰레기봉투는 제공될 것입니다.
- 비가 오면, 행사는 취소될 것입니다.
질문이 있으시면, 우리에게 information@ploggingrun.org로 이메일을 보내 주세요.

29

In art, there are [**a** / **the**]80) number of ways to use perspective to obtain the illusion of depth, including [**used** / **using**]81) colors and graduated values of black and white, and [**accurate** / **accurately**]82) drawing the subject by applying the rules of the geometric system of perspective. In order to achieve perspective, you must make [**a** / **the**]83) number of observations. The forms or objects that you draw on a flat surface actually [**has** / **have**]84) depth and dimension in real life. As you view them and place their shapes and forms on a drawing surface, try [**representing** / **to represent**]85) that depth to make the objects appear [**realistic** / **realistically**]86) and three-dimensional. Objects appear [**different** / **differently**]87) when viewed from various positions. Because of this, it's important to establish the viewpoint, and stick with [**it** / **them**]88). When observing a subject, you see depth and three dimensions. [**When** / **Where**]89) you draw this subject onto a flat surface as it appears to the eye, you are drawing in perspective.

미술에서, 깊이의 착시 효과를 얻기 위해 원근법을 사용하는 많은 방법이 있는데, 색상과 흑백의 그라데이션 값(점진적인 톤 변화)을 이용하는 것과, 원근법의 기하학적 시스템 규칙을 적용함으로써 대상을 정확하게 그리는 것을 포함한다. 원근법을 구현하기 위해서, 당신은 많은 관찰을 해야 한다. 당신이 평면에 그리는 형태나 물체는 실제로 실생활에서는 깊이와 차원이 있다. 당신은 그것들을 보고 그것들의 모양과 형태를 그림 표면에 배치할 때, 물체들이 현실적이고 3차원처럼 보이도록 그 깊이를 나타내려고 노력하라. 물체는 다양한 위치에서 보여질 때 다르게 나타난다. 이 때문에, 관찰점을 설정하고, 그것을 고수하는 것이 중요하다. 어떤 대상을 관찰할 때, 당신은 깊이와 3차원을 본다. 당신이 이 대상을 그것이 눈에 보이는 대로 평면에 그릴 때, 당신은 원근법으로 그리고 있는 것이다.

30

Low oil prices are a good thing, [**because** / **because of**]90) it means lower energy costs of production for the [**majority** / **minority**]91) of industries, not least the automobile and the logistics industries. Firms directly benefit from the [**decrease** / **increase**]92) in their costs of production and provision of services. This has the effect of stimulating the aggregate supply and [**provide** / **provides**]93) a stimulus for growth. Conversely, a sudden [**raise** / **rise**]94) in oil prices due to a shrink in oil production is [**always** / **never**]95) good news, even though it definitely gives a big boost to the energy sector. A look through the history of oil price fluctuations [**prove** / **proves**]96) this notion, as this [**had** / **has**]97) been the subject of much economic research. Following an oil price jump of 10 per cent due to a contraction in [**demand** / **supply**]98), an economy (as typified by the US economy) typically sees its output (GDP) [**slowed** / **slowing**]99) by close to 1 percentage point. For a $15 trillion economy, that is a loss of $150 billion in potential wealth or [**economic** / **economically**]100) growth. Conversely, there has never been much concern with oil price [**decreases** / **increases**]101) following an excess in its supply.

낮은 유가는 좋은 것인데, 왜냐하면 그것은 다수의 산업, 특히 자동차와 물류 관리 산업에서 생산을 위한 더 낮은 에너지 비용을 의미하기 때문이다. 회사들은 생산 및 서비스 제공 비용의 감소로 직접적으로 혜택을 본다. 이는 총공급을 촉진하는 효과가 있으며 성장에 자극을 제공한다. 반대로, 석유 생산 감소로 인한 유가 급등은, 분명 에너지 부문에 큰 도움을 주기는 하지만, 결코 좋은 소식이 아니다. 유가 변동 역사의 검토는 이 개념을 확증하는데, 왜냐하면 이것은 많은 경제 연구의 주제였기 때문이다. 공급 축소로 인한 10퍼센트의 유가 상승에 이어, (미국 경제로 대표되는) 경제는 일반적으로 그것의 생산량(GDP)이 1퍼센트 포인트 가까이 둔화되는 것을 본다. 15조 달러 규모의 경제에서, 그것은 잠재적 부 또는 경제 성장에서 1,500억 달러의 손실이다. 반대로, 그것의 공급 과잉에 따른 유가 하락에 대해서는 크게 우려한 적이 결코 없었다.

31

We might forget an anecdote about a stranger because it makes [few / a few]102) connections with our existing associations, but we won't forget a piece of gossip about our cousin. There's one [complex / simple]103) network that is larger and quicker to access than all [others / the others]104) — the self. We've been thinking about ourselves in our whole lives. (In fact, there were entire years [during / while]105) junior high when we weren't capable of thinking about much else.) So if a new piece of information [has / have]106) something to do with *us*, it will be more easily and thoroughly processed. It hits even closer to home than our [actual / actually]107) home — we can take a vacation away from our home, but not from *ourselves*. The most [effective / effectively]108) communicators find ways to make the abstract personal. Consider the warning that law schools give to motivate first-year law students [concerned / concerning]109) the rigors of their program. Hearing [that / what]110) "the first-year dropout rate is 33%" is an abstract statistic. "Look to your left, look to your right. One of the three of you won't be [joined / joining]111) us next fall" wakes up the self.

우리는 그것이 우리의 기존 연상들과 거의 연관성이 없기 때문에 낯선 사람에 관한 일화는 잊을지 모르지만, 우리의 사촌에 관한 소문은 한 부분도 잊지 않을 것이다. 다른 모든 것보다 더 크고 접근하기에 더 빠른 하나의 복잡한 네트워크가 있다—자아. 우리는 평생 우리 자신에 대해 생각해 왔다. (사실, 중학교 시절 내내 우리는 많은 다른 것들을 생각할 수 없었다.) 그래서 어떤 새로운 정보가 우리와 관련이 있다면, 그것은 더 쉽게 그리고 더 철저하게 처리될 것이다. 그것은 우리의 실제 집보다 훨씬 더 가깝게 와닿는다—우리는 집으로부터 떠나 휴가를 갈 수 있지만, 우리 자신으로부터는 아니다. 가장 효과적인 의사소통자는 추상적인 것을 개인적으로 만드는 방법을 찾는다. 로스쿨이 그들의 프로그램의 엄격함에 대해 1학년 법대생들을 동기 부여하기 위해 주는 경고를 생각해 보라. "첫 해 중도 탈락률은 33%입니다"라고 듣는 것은 추상적인 통계이다. "당신의 왼쪽을 보세요, 당신의 오른쪽을 보세요. 당신들 세 명 중 한 명은 내년 가을에 우리와 함께하지 않을 것입니다"는 자아를 깨운다.

32

Steve Jobs used analogy to get people to [embrace / embracing]112) the new technology. Before computers, people worked in a [mental / physical]113) world. We used paper and pens and physical file folders and so on. The idea of working in a [virtual / virtually]114) world was radically different. Or at least *seemed* radically different. What Jobs understood was [that / what]115) a physical office was fundamentally similar to a virtual office. To win over the masses, Jobs drew [strong / weak]116) analogies between the traditional workplace people knew well with the new, [familiar / unfamiliar]117) virtual workplace. In the pre-computer workplace, [when / where]118) ideas were written on paper it was called . . . a document. [When / Where]119) those documents needed to be stored they were put in . . . a folder. And those folders were kept on . . . a desk. Documents, folders, and desktops are the terms we use in our virtual work [because / because of]120) Steve Jobs understood that using [familiar / unfamiliar]121) terms would make the new technology easier to understand. The parallels between the physical and virtual workplace now [seem / seems]122) obvious.

Steve Jobs는 사람들이 새로운 기술을 받아들이도록 하기 위해 유사성을 사용했다. 컴퓨터 이전에, 사람들은 물리적인 세계에서 일을 했다. 우리는 종이와 펜과 물리적인 파일 폴더 등을 사용했다. 가상 세계에서 일한다는 개념은 혁신적으로 달랐다. 혹은 적어도 혁신적으로 다르게 보였다. Jobs가 이해한 것은 물리적인 사무실이 근본적으로 가상 사무실과 유사하다는 것이었다. 대중을 사로잡기 위해, Jobs는 사람들이 잘 알고 있는 전통적인 일터와 새롭고, 낯선 가상 일터 간의 강한 유사성을 끌어냈다. 컴퓨터 이전의 일터에서, 생각이 종이에 쓰이면 그것은 ... 문서(document)라고 불렸다. 그 문서들이 저장될 필요가 있을 때 그것들은 ... 폴더(folder)에 넣어졌다. 그리고 그 폴더들은 ... 책상(desk)에 보관되었다. 문서, 폴더, 그리고 데스크탑은 Steve Jobs가 친숙한 용어를 사용하는 것이 새로운 기술을 이해하기 더 쉽게 만들 것이라는 것을 이해했기 때문에 우리가 우리의 가상 작업에서 사용하는 용어들이다. 물리적 일터와 가상 일터 사이의 유사점이 지금은 분명해 보인다.

33

Turtle hatchlings have, it seems, [evolved / olved]123) to crawl toward the light. For millions of years this was a highly [rational / rationally]124) and effective strategy [because / ecause of]125) the light on a dark beach represented the reflection of the moon and stars on the water's surface. [Follow / Following]126) the lights led baby turtles back home to the sea. The problems started [when / which]127) humans began building beachfront homes and sparkling hotels on [the / x]128) other side of the beach. Now after hatching, turtles heading for the [brightest / darkest]129) nearby lights were being guided straight into traffic. Are self-destructive sea turtles naturally [irrational / irrationally]130) ? Yes, in the modern world. But there's a deeper truth. Turtles are [based / basing]131) their decisions on simple cues [that / what]132) were perfectly rational for their ancestors; these days, however, their evolved decision-making mechanisms [are / is]133) being blinded by modern lights.

갓 부화한 거북이들은 빛을 향해 기어가도록 진화한 듯하다. 수백만 년 동안 이것은 매우 이성적이고 효과적인 전략이었는데 왜냐하면 어두운 해변의 빛은 달과 별이 수면에 반사되는 것을 나타냈기 때문이다. 빛을 따라가는 것은 새끼 거북이들이 바다로 돌아가게 이끌었다. 문제는 인간이 해변 반대편에 해변가 주택과 번쩍이는 호텔을 짓기 시작할 때 시작되었다. 이제는 부화한 후에, 근처의 가장 밝은 빛을 향해 가던 거북이들은 곧장 차량으로 유도되고 있었다. 자멸적인 바다 거북이들이 선천적으로 비이성적인가? 그렇다, 현대 세상에서는. 하지만 더 심오한 진실이 있다. 거북이들은 그들의 결정을 그들의 조상들에겐 완벽하게 이성적이었던 단순한 단서에 기반을 두고 있다; 하지만, 요즘, 그들의 진화된 의사결정 메커니즘은 현대의 빛에 의해 가려지고 있다.

34

Sensory organs are the only channels of communication between the brain and the [inside / outside]134) world. Simply put, the brain is [not / x]135) designed to sense on its own. For instance, an [exposed / imposed]136) brain would neither sense light shining on it [nor / or]137) feel something touching it. In fact, patients are often kept awake [during / while]138) brain surgery, [which / in which]139) can help a surgeon isolate specific regions of the brain. The ancient Greek philosopher Aristotle [recognized / was recognized]140) this characteristic of the brain over 2,000 years ago when he said, "Nothing is in the mind that does not pass through the senses." This concept can be seen [clear / clearly]141) when volunteers are blind-folded and placed in the warm water of a sensory deprivation tank. They soon experience visual, auditory, and tactile (touch) hallucinations, as well as [coherent / incoherent]142) thought patterns. From these experiments and [others / the others]143), it is apparent that we need [constant / constantly]144) input from our senses to carry out functions that give us personality and intellect.

감각 기관은 뇌와 외부 세계 사이의 유일한 소통 채널이다. 간단히 말해, 뇌는 스스로 감지하도록 설계되지 않았다. 예를 들어, 노출된 뇌는 그것에 비추어지는 빛을 감지하지 못하거나 그것을 접촉하는 어떤 것을 느끼지도 못할 것이다. 사실상, 환자들은 뇌 수술 중에 종종 계속 깨어 있게 되는데, 이는 외과 의사가 뇌의 특정 영역을 분리하는 데 도움이 될 수 있다. 고대 그리스 철학자 아리스토텔레스가 "머릿속에 감각을 통과하지 않는 것은 어떤 것도 없다."라고 말했을 때, 2,000년 이상 전에 그는 뇌의 이러한 특성을 인식했다. 이 개념은 지원자들이 눈이 가려지고 감각 차단 수조의 따뜻한 물 속에 놓였을 때 명확하게 보여질 수 있다. 그들은 일관성 없는 사고 패턴뿐만 아니라, 시각적인, 청각적인, 그리고 촉각적인 (접촉) 환각을 곧 경험한다. 이러한 실험과 다른 것들로, 우리는 우리에게 성격과 지성을 부여하는 기능을 수행하기 위해 우리는 우리의 감각으로부터 지속적인 입력이 필요하다는 것이 명백하다.

35

The writer and zoologist Desmond Morris observed [that / what]145) our feet communicate exactly what we think and feel [less / more]146) honestly than any other part of our bodies. Why are the feet and legs such [accurate / accurately]147) reflectors of our sentiments? For millions of years, long before humans spoke, our legs and feet reacted to environmental threats (e.g., hot sand, ill-tempered lions) instantaneously, without the need for [conscious / consciously]148) thought. Our limbic brains made sure that our feet and legs reacted as needed by either ceasing motion, running away, [nor / or]149) kicking at a potential threat. This survival regimen, retained from our ancestral heritage, [have / has]150) served us well and continues to do so today. In fact, these age-old reactions are still so hardwired in us [that / what]151) when we are presented with something dangerous or even disagreeable, our feet and legs still react as they [did / were]152) in prehistoric times.

작가이자 동물학자인 Desmond Morris는 우리의 발이 우리가 생각하는 것을 정확하게 전달하고 우리 몸의 어떤 다른 부위보다 더 정직하게 느낀다는 것을 관찰했다. 왜 발과 다리는 우리 감정의 그토록 정확한 반사경 인걸까? 수백만 년 동안, 인간이 말을 하기 훨씬 이전에, 우리의 다리와 발은 환경적인 위협(예를 들면, 뜨거운 모래, 성질이 나쁜 사자)에 대해, 의식적 사고에 대한 필요 없이, 즉시 반응했다. 우리의 변연계 뇌는 움직임을 멈추거나, 도망가거나, 혹은 잠재적인 위협에 저항함으로써 필요에 따라 우리의 발과 다리가 반드시 반응하도록 했다. 이러한 생존 양생법은, 우리 조상의 유산으로부터 유지되었으며, 우리에게 도움이 되어 왔고 오늘날에도 계속 그러하다. 사실, 이러한 오래된 반응은 여전히 우리에게 매우 굳어져 있어서 우리가 위험하거나 심지어 불쾌한 것에 직면했을 때, 우리의 발과 다리는 그들이 선사시대에 그랬던 것처럼 여전히 반응한다.

36

The transition from an oral culture, [in / x]153) which knowledge was handed down through stories, songs, and apprenticeships, to a [literate / literal]154) one, based on the written word, was held back for centuries by the [abundance / lack]155) of suitable writing material. Stone and clay tablets were used, but they were prone to fracture and [was / were]156) bulky and heavy to transport. Wood suffers from splitting and is [susceptible / susceptibly]157) to decay. Wall paintings are static and space [are / is]158) limited. The invention of paper, said to be one of the four great inventions of the Chinese, [solved / was solved]159) these problems, but it wasn't until the Romans replaced the scroll with the codex — or, as we call it now, the book — [that / what]160) the material reached its full potential. That was two thousand years ago, and it is still a [dominant / dominantly]161) form of the written word. That paper, a much softer material than either stone or wood, won out as the guardian of the written word is a [remarkable / remarkably]162) materials story.

이야기, 노래, 그리고 도제 제도를 통해 지식이 전수되던 구전 문화에서 문자를 기반으로 하는 문자 문화로의 전환은 적절한 쓰기 재료의 부족으로 인해 수 세기 동안 지연되었다. 석판과 점토판이 사용되었지만, 그것들은 깨지기 쉽고 운반하기에는 부피가 크고 무거웠다. 목재는 갈라짐을 겪고 부패하기 쉽다. 벽화는 고정되어 있고 공간이 제한되어 있다. 중국의 4대 위대한 발명품 중 하나로 불리는, 종이의 발명은 이러한 문제들을 해결했지만, 로마인들이 두루마리를 코덱스 — 즉, 우리가 현재 그것을, 책이라고 부르는 것처럼 — 로 대체한 후에야 그 재료가 그것의 완전한 잠재력에 다다랐다. 그것은 2천 년 전이었으며, 그것은 여전히 문자의 지배적인 형태이다. 돌이나 목재보다 훨씬 더 부드러운 재료인 종이가, 문자의 수호자로서 역할을 해낸 것은 놀라운 재료 이야기이다.

37

A reason for a conclusion is very [**likely / unlikely**]163) to consist in a single claim. No matter how we might state it in short-hand, it is, analytically, a [**complex / simple**]164) interaction of many ideas and implications. The reason must be broken down into a chain of [**less / more**]165) precise premises. For example, the claim that 'university education should be free for all Australians' might be supported by the reason [**that / what**]166) 'the economy benefits from a well-educated Australian population'. But is our analysis of the situation clearly [**expressed / expressing**]167) in just one statement? Hardly. The conclusion is about universities and free education, [**during / while**]168) the reason introduces some new ideas: economic benefit and a well-educated population. While the link between these two ideas and the conclusion [**might / might not**]169) seem obvious, the purpose of reasoning is to avoid [**assuming / to assume**]170) the 'obvious' by carefully working through the connections between the various ideas in the [**initial / initially**]171) statement of our reason.

어떤 결론에 대한 어떤 이유가 단 하나의 주장에 존재할 가능성은 매우 낮다. 우리가 그것을 아무리 빨리 진술하더라도, 그것은, 분석적으로, 많은 아이디어들과 함의들의 복잡한 상호작용이다. 그 이유는 더 정확한 전제들의 연결 고리로 나누어져야 한다. 예를 들어, '대학 교육이 모든 호주인에게 무료여야 한다'라는 주장은 '경제가 잘 교육 받은 호주 인구로 인해 이익을 본다'라는 이유로 뒷받침될 수도 있다. 하지만 그 상황에 대한 우리의 분석이 단 하나의 진술로 명확하게 표현되는가? 거의 아니다. 그 결론은 대학과 무상 교육에 관한 것인 반면에, 그 이유는 몇 가지 새로운 아이디어를 도입한다: 경제적 이익과 잘 교육 받은 인구. 이 두 아이디어와 그 결론 사이의 연결이 명백해 보일 수도 있지만, 추론의 목적은 우리의 이유에 대한 초기 진술에서 다양한 아이디어들 간의 연결을 신중하게 살펴봄으로써 '명백한' 것을 가정하는 것을 피하는 것이다.

38

The word "migration" is almost always reported in the popular media and even in [**scientific / scientifically**]172) literature as a problem or a crisis. For example, migrants are [**assumed / consumed**]173) to overcrowd cities, clog up labor markets, and [**increase / increased**]174) poverty. The other questionable assumption is that [**most / almost**]175) migration is [**voluntary / involuntary**]176) — people fleeing natural or man-made disasters. The reality, however, is more complex, and many migrants are simply seeking greater economic opportunity. Of course migration can and does create social and economic problems. But migration can also be a solution for many [**preexisted / preexisting**]177) problems. For example, out-migration generally redistributes workers from places of labor surplus to areas where there is greater demand or more opportunity. Migration is generally selective of persons who are younger, healthier, more flexible, and more [**willing / relunctant**]178) to endure hardship in hopes of a better life relative to their prospects in [**its / their**]179) places of origin. Most research that examines long-term outcomes of migration, including remittances and intergenerational mobility, finds positive "long-term" effects on places of origin and destination.

"이주"라는 단어는 대중 매체와 심지어 과학 문헌에서도 문제나 위기로 거의 항상 보도된다. 예를 들어, 이주민들이 도시를 과밀화시키고, 노동 시장을 막히게 하며, 빈곤을 증가시킨다고 가정된다. 또 다른 의문스러운 가정은 대부분의 이주가 본의가 아니라는 것이다 — 자연적 또는 인위적인 재난을 피해 떠나는 사람들. 그러나, 현실은 더 복잡하고, 많은 이주민들은 단순히 더 큰 경제적 기회를 찾고 있다. 물론 이주는 사회적, 경제적 문제를 일으킬 수 있고 정말로 일으킨다. 하지만 이주는 또한 많은 기존의 문제에 대한 해결책이 될 수 있다. 예를 들어, 외부 이주는 일반적으로 노동 과잉 지역에서 더 큰 수요나 더 많은 기회가 있는 지역으로 노동자를 재분배한다. 이주는 더 젊고, 더 건강하고, 더 유연하며, 그들의 본거지에서의 그들의 전망에 비해 더 나은 삶을 희망하며 고난을 더 기꺼이 견딜 사람들을 일반적으로 선택한다. 이주의 장기적인 결과를 조사하는 대부분의 연구는, 송금과 세대 간 이동을 포함하여, 본거지와 목적지에서 긍정적인 "장기적" 효과를 발견한다.

39

The big problem with money created by the government [are / is]180) that those who run the government always face the temptation to create more money and spend [it / them]181). Whether among ancient kings or modern politicians, this [had / has]182) happened again and again over the centuries, [lead / leading]183) to inflation and the [many / much]184) economic and social problems that follow from inflation. For this reason, many countries [had / have]185) preferred using gold, silver, or some other material that is [inherent / inherently]186) limited in supply, as money. It is a way of depriving governments of the power to [expand / expend]187) the money supply to inflationary levels. Gold has long been considered ideal for this purpose, since the supply of gold in the world usually cannot be increased [rapid / rapidly]188). When paper money is convertible into gold [whenever / wherever]189) the individual chooses to do so, then the money is said to be "backed up" by gold. This expression is [mislead / misleading]190) only if we imagine that the value of the gold is somehow transferred to the paper money, when in fact the real point is [that / what]191) the gold simply limits the amount of paper money that can be issued.

정부에 의해 만들어지는 돈에 대한 큰 문제는 정부를 운영하는 사람들이 더 많은 돈을 만들고 그것을 쓰고 싶은 유혹에 항상 직면한다는 것이다. 고대 왕들 중에서나 현대 정치인들 중에서든, 이것은 수세기 동안 반복되어 일어났으며, 그로 인해 인플레이션과 인플레이션에서 비롯되는 많은 경제적, 사회적 문제들을 초래했다. 이러한 이유로, 많은 국가들은 금, 은, 또는 본질적으로 공급이 제한된 어떤 다른 물질을, 돈으로 사용하는 것을 선호해 왔다. 그것은 정부에게서 돈 공급을 인플레이션 수준으로 확장할 수 있는 권한을 박탈하는 방법이다. 금은 오랫동안 이 목적에 이상적인 것으로 여겨져 왔는데, 전 세계의 금 공급이 보통 급격히 증가될 수 없기 때문이다. 개인이 그렇게 하기를 선택할 때마다 종이돈이 금으로 전환될 수 있을 때, 그러면 그 돈은 금에 의해 "보장된다"라고 말해진다. 이 표현은 우리가 금의 가치가 어떤 방식으로든 종이돈으로 전환된다고 생각하는 경우에만 오해를 살 수 있는데, 이때 사실상 진짜 요점은 금은 발행될 수 있는 종이돈의 양을 단순히 제한한다는 것이다.

40

The study of emotions and decision making is now of [considerable / considerate]192) importance. This [evolves / involves]193) the application of various tools afforded by neuroscience. One important stream of the literature [examine / examines]194) people with brain damage and how damage to particular parts of the brain known to be responsible for particular cognitive functions [impact / impacts]195) on decision making. One example of this research is the work of Antonio Damasio, who finds [that / what]196) when the emotional part of the brain is damaged, this actually [increases / reduces]197) the efficacy of decision making. Good decisions are a product of the [emotional / emotionally]198) part of the brain working in conjunction with the deliberative part. This [contradicts / matches]199) the assumptions of conventional economics, where emotions play a [negative / positive]200) role in the decision-making process. Here it is assumed that decision making can be modeled as being generated in a stoic, [emotional / unemotional]201) fashion, and that's [because / why]202) decisions tend to be optimal. But the evidence suggests [that / what]203) emotions actually play an important and, often, a [negative / positive]204) role in decision making.

감정과 의사결정에 관한 연구는 이제 상당히 중요하다. 이것은 신경과학에 의해 제공되는 다양한 도구의 적용을 포함한다. 문헌의 한 가지 중요한 흐름은 뇌 손상이 있는 사람과 특정 인지 기능을 담당하는 것으로 알려진 뇌의 특정 부분 손상이 의사결정에 어떻게 영향을 주는지 고찰하는 것이다. 이러한 연구의 한 예는 Antonio Damasio의 연구인데, 그는 뇌의 감정적인 부분이 손상되면, 이것이 실제로 의사결정의 효율성을 감소시킨다는 것을 발견한다. 좋은 결정은 뇌의 감정적인 부분이 숙고적인 부분과 함께 작용하는 결과물이다. 이것은 전통적인 경제학의 가정과 모순되는데, 그것에서는 감정이 의사결정 과정에서 부정적인 역할을 한다. 여기서는 의사결정이 냉정하고, 감정적이지 않은 방식으로 이루어지는 것으로 모델링될 수 있고, 그렇기 때문에 결정이 최적인 경향이 있다고 가정된다. 그러나 증거는 감정은 실제로 의사결정에 중요하고, 종종, 긍정적인 역할을 한다는 것을 시사한다.

41~42

Shoppers [**confronted** / **confronting**]205) with the choice of thirty different varieties of gourmet chocolates are [**less** / **more**]206) likely to walk away without buying any, compared with [**when** / **where**]207) they are presented with only half a dozen choices. If employees are [**given** / **giving**]208) a free trip to Paris, they are happy. If you give them a free trip to Hawaii, they are happy. But if you offer them the choice between the two destinations, they are [**less** / **more**]209) happy, no matter what they choose. Why might choice be so disruptive? The reason is [**that** / **what**]210) choice forces us to make comparisons and acknowledge relative [**advantages** / **disadvantages**]211). People who choose Paris complain [**that** / **what**]212) it doesn't have the ocean and those who choose Hawaii regret that it doesn't have the museums. Psychologist Barry Schwartz calls this the 'tyranny of choice' [**because** / **because of**]213) rather than providing freedom, it actually constrains our decision-making. He argues that [**narrower** / **wider**]214) choice increases unhappiness [**because** / **because of**]215) we worry that we are going to make the wrong decision and so we get stressed about trying to process all the comparisons in an effort to get it right. This both [**decreases** / **increases**]216) our fear of making the wrong choice and raises expectations [**that** / **what**]217) we should be able to get the best choice. Having made the choice, we then start to regret, [**wandering** / **wondering**]218) whether it was the right one.

서른 가지 서로 다른 종류의 고급 초콜릿 중의 선택에 직면한 쇼핑객들은, 여섯 가지의 선택지만 제시받았을 때와 비교했을 때, 어떤 것도 사지 않고 떠날 가능성이 더 높다. 직원들이 파리로의 무료 여행을 제공받으면, 그들은 행복하다. 당신이 그들에게 하와이로의 무료 여행을 제공하면, 그들은 행복하다. 하지만 당신이 두 목적지 중 선택권을 준다면, 그들은 무엇을 선택하든, 덜 행복하다. 선택이 왜 그렇게 혼란스러울 수 있을까? 그 이유는 선택이 우리로 하여금 비교를 하고 상대적인 단점을 인정하도록 강요하기 때문이다. 파리를 선택하는 사람들은 바다가 없다고 불평하고 하와이를 선택하는 사람들은 박물관이 없다고 후회한다. 심리학자 Barry Schwartz는 이를 '선택의 횡포'라고 부르는데 이는 자유를 제공하기보다는, 그것은 실제로 우리의 의사 결정을 제약하기 때문이다. 그는 더 더 많은 선택이 불행을 증가시킨다고 주장하는데, 우리는 잘못된 결정을 내릴 것을 걱정할 것이고 그래서 우리는 그것을 올바르게 하려는 노력으로 모든 비교들을 처리하려고 노력하는 것에 스트레스를 받기 때문이다. 이는 잘못된 선택을 하는 것에 대한 우리의 두려움을 증가시키고 우리가 최상의 선택을 할 수 있어야 한다는 기대를 함께 높인다. 선택을 하면, 그 후 우리는 후회하기 시작하며, 그것이 옳은 것이었는지 궁금해한다.

43~45

As the train pulled into a quiet countryside station, the gentle chatter of passengers [**filled** / **filling**]219) the air. Linda was excited to finally visit her grandparents after two years. She watched people [**getting** / **to get**]220) onto the train and hurriedly finding their seats. A moment later, an elderly woman [**struggled** / **struggling**]221) with a heavy bag, trying to sit down next to her. The bag seemed almost too big for her small body. Linda [**hasted** / **hesitated**]222), unsure if the elderly woman would want her help. But soon, she chose to [**assist** / **assisting**]223) the woman. "Let me help you with your bag," she said. Before she could reach the bag, the elderly woman suddenly lost her balance and fell down. She lay on her back, and her face was pale. Linda froze for a moment, [**feeling** / **felt**]224) the urgency of the situation. She quickly knelt down beside the fallen woman, as [**a** / **x**]225) few people rushed over. Linda carefully tapped the elderly woman's shoulder to check if she was alright. The woman groaned softly, trying to gather her strength. Linda moved [**closer** / **farther**]226), sliding a hand under the woman's back. As the woman's eyes slowly opened, she reassured her softly, "It's okay, just relax for a moment." Linda helped the woman [**sit** / **sitting**]227) up slowly, then guided her back to her seat. As the situation settled, people around went back to their seats. As the elderly woman finally calmed down, she looked at Linda with a smile. "I'm so sorry," she said. "I have low blood pressure, and the sudden movement of the train [**must** / **should**]228) have made me feel dizzy. Thank you so much for helping me." Linda nodded gently in response, then turned her gaze back to the [**peaceful** / **peacefully**]229) countryside scene. She thought that no matter how unsure she might feel, even the smallest act of help is much better for someone in need than doing [**nothing** / **something**]230).

기차가 조용한 시골 역에 정차하자, 승객들의 부드러운 대화 소리가 공기를 가득 채웠다. Linda는 2년 만에 드디어 조부모님을 방문하게 되어 들떠 있었다. 그녀는 사람들이 기차에 올라타고 분주히 그들의 좌석을 찾는 것을 보았다. 잠시 후, 한 노인이 무거운 가방과 씨름하였고, 그녀 옆에 앉으려 했다. 그 가방은 그녀의 작은 몸집에 비해 거의 너무 커 보였다. Linda는 그 노인이 자신의 도움을 원할지 확신 이 서지 않아, 망설였다. 그러나 곧, 그녀는 그 여성을 돕기로 했다. "제가 가방 드는 것을 도와 드릴게요,"라고 그녀가 말했다. 그녀가 그 가방에 (손을) 닿기 전에, 그 노인은 갑자기 균형을 잃고 쓰러졌다. 그녀는 등을 바닥에 대고 누워 있었고, 그녀의 얼굴은 창백했다. Linda는 상황의 긴박함을 느끼며, 순간 얼어붙었다. 그녀는 재빨리 쓰러진 여성의 곁에 무릎을 꿇었고, 그때 몇몇 사람들이 서둘러 달려왔다. Linda는 그 노인의 어깨를 조심스럽게 두드려 그녀가 괜찮은지 확인했다. 그 여성은 살며시 끙 소리를 내며 힘을 내려 노력했다. Linda는 가까이 다가가, 그 여성의 등 아래로 손을 살며시 넣었다. 그 여성의 눈이 천천히 떠지자, 그녀는 "괜찮아요, 잠시만 편하게 계세요."라고 상냥하게 그녀를 안심시켰다. Linda는 그 여성이 천천히 일어나 앉을 수 있도록 도왔고, 그 후 그녀를 자신의 자리로 돌아가도록 안내했다. 상황이 안정되자, 주변 사람들이 다시 그들의 좌석으로 돌아갔다. 그 노인이 마침내 안정을 찾자, 그녀는 미소를 지으며 Linda를 보았다. "정말 미안해요,"라고 그녀가 말했다. "제가 저혈압이 있는데, 기차가 갑자기 움직여 제가 어지러움을 느꼈던 것이 분명해요. 저를 도와줘서정말 고마워요." Linda는 대답으로 부드럽게 고개를 끄덕인 후, 그녀의 시선을 다시 평화로운 시골 풍경으로 돌렸다. 그녀는 아무리 그녀가 확신이 서지 않게 느껴지더라도, 가장 작은 도움의 행위조차도 필요한 사람에게는 아무것도 하지 않는 것보다는 훨씬 더 나은 일이라고 생각했다.

2025 고2 6월 모의고사　　❷ 화차 :　　점 / 230점

❶ voca　　❷ text　　❸ [/]　　❹ ____　　❺ quiz 1　　❻ quiz 2　　❼ quiz 3　　❽ quiz 4　　❾ quiz 5

18

Dear Ms. Lopez,

We want to [express / be expressed]1) our gratitude for your dedication as a Spanish instructor. With exceptional teaching skills, you have [significant / significantly]2) improved our students' progress and confidence in Spanish. As the year is about to end, it is time for us to reflect on your contributions and [consider / considering]3) the renewal of your contract. Given your positive impact, we would like to offer an [extension / intention]4) of your contract for the next academic year. We believe your continued involvement will [farther / further]5) enhance our students' learning experience and academic achievement. We look forward to your response.

Sincerely,

James Martin

Principal

19

Peter stepped out of the freezing night air and into the [bright / brightly]6) lit hospital lobby, [held / holding]7) his three-year-old daughter in his arms. The harsh light made her look even more unwell, her face all red and sweaty. Her fever [had / has]8) started suddenly, just before dinner, but it wouldn't go down [although / despite]9) his efforts. At the front desk, he explained her symptoms, his concern [growing / grown]10) with every moment. They were quickly led to the doctor, who reassured him and [careful / carefully]11) examined his daughter. After the doctor gave her a shot, her fever went down and she seemed more comfortable. As Peter [watched / watching]12) her sleep peacefully that night, he felt a wave of calm wash over him.

20

[Imagine / Imagining]13) you have the best tea in the world and you put it into a bag that's impermeable. It won't work. You just won't be able to [make / be made]14) a cup of tea. For the teabag to work, it needs to be porous. You need the tea and the water to come in [contact / contract]15) with each other. In our lives too, we cannot survive and thrive in isolation. Leaders need to be [careful / carefully]16) not to build walls around themselves that prevent people from [reach / reaching]17) out to them. As a leader, you need to be able to touch [other / the other]18) people. The tea was meant to mix with the water. Similarly all of us [were / x]19) designed to work with [other / the other]20) people, with teams, and with society at large.

21

It is difficult, if not impossible, to define the limits [which / in which]21) reason should impose on the desire for wealth; for there is no [absolute / absolutely]22) or [definite / definitely]23) amount of wealth which will satisfy a man. The amount is always [relative / relatively]24), that is to say, just so much as will maintain the proportion between what he wants and what he gets; for to measure a man's happiness only by what he gets, and not also by what he expects to get, [are / is]25) as pointless as to try and express a fraction [which / in which]26) shall have a numerator but no denominator. A man never feels the loss of things [where / which]27) it never occurs to him to ask for; he is just as happy without [them / themselves]28); whilst another, who may have a hundred times as much, feels miserable [because / because of]29) he has not got the one thing he wants. In fact, every man has a horizon of his own, and he will expect as much as he thinks it is [possible / impossible]30) for him to get.

22

All of the restaurants are [used / using]31) carefully chosen words to [evoke / invoke]32) vivid mental images of delicious food and rich desserts in order to draw the [potential / potentially]33) customer to their particular establishment. Just like the restaurants, nature has its own dining establishments. In a fashion similar to the restaurants' financial [dependence / independence]34) upon drawing in many customers, the restaurateurs of the natural world (i.e., flowers) must also [attract / be attracted]35) potential diners to sample their offerings. In the natural world, there are no neon signs or flashy words [in / x]36) which to market a potential meal to hungry animals. These restaurants [that / what]37) I am referring to [are / is]38) the world's flowers, and the potential guests are the host of organisms that visit flowers to obtain nectar and [other / the other]39) valuable resources. Instead [of / x]40) using a written language or neon sign, they advertise their offerings just as [effective / effectively]41) using the language of smell.

23

Would you rather receive $1,000 in a year or $1,100 in a year and a month? Most people will opt [for / to]42) the larger sum in thirteen months — where else will you find a monthly interest rate of 10 percent. A [wise / wisely]43) choice, since the interest will compensate you [generous / generously]44) for any risks you face by waiting the extra few weeks. Second question: Would you prefer $1,000 today cash on the table or $1,100 in a month? If you think [like / alike]45) most people, you'll take the $1,000 right away. This is amazing. In both [case / cases]46), if you hold out for just a month longer, you get $100 more. In the first case, it's simple enough. You figure: "I've already [waited / waiting]47) twelve months; what's one more?" Not in the second case. The introduction of "now" causes us to make [consistent / inconsistent]48) decisions. Science calls this phenomenon *hyperbolic discounting*. The closer a reward is, the [higher / lower]49) our "emotional interest rate" rises and the more we are [willing / unwilling]50) to give up in exchange for it.

24

Of central importance for understanding the development of handedness [**are** / **is**]51) the answer to the question of [**when** / **where**]52) in development it is actually determined whether a child will be left-handed or right-handed. It was long thought that handedness could only be [**reliable** / **reliably**]53) determined in elementary school, [**when** / **here**]54) a child learns to write. However, this assumption is incorrect. In fact, scientific studies show that left-handedness [**is** / **x**]55) established in many children long before elementary school — interestingly, even before birth in most people. In such studies, the hand and arm movements of unborn children in the womb [**are** / **is**]56) recorded using ultrasound images. [**Used** / **Using**]57) this technique, it was shown [**that** / **what**]58) a clear preference for the movement of the right arm exists as early as 10 weeks after fertilization. In this study, ultrasound images of 72 unborn children 10 weeks after fertilization [**was** / **were**]59) evaluated and 85% [**showed** / **showing**]60) more movements of the right arm than the left. This number is already very [**close** / **closely**]61) to the approximately 89.4% right-handers among adults.

25

The graph above shows US [**daily** / **dairy**]62) product [**exports** / **imports**]63) in selected countries from 2018 to 2020. Among the four countries above, Mexico consistently recorded the [**highest** / **lowest**]64) imports of US dairy products from 2018 to 2020. However, US dairy product imports in Mexico decreased from 2019 to 2020, while the reverse was true in the other three countries [**during** / **while**]65) the same period. In Indonesia, US dairy product imports in 2020 were more than twice those in 2018. The increase in US dairy product imports in the Philippines from 2018 to 2019 was smaller than [**that** / **those**]66) in Indonesia in the same period. China was the only country where imports of US dairy products dropped between 2018 and 2019.

26

Filippo Brunelleschi [**is** / **x**]67) considered to be the founding father of Renaissance architecture. He was born in Florence in 1377. Filippo was artistically talented, and [**trained** / **training**]68) as a goldsmith and a clockmaker before becoming an architect. When he was around 25, he traveled to Rome with his friend, the sculptor Donatello, where he studied the [**remain** / **remains**]69) of ancient Roman buildings. His first architectural commission was the Ospedale degli Innocenti, which is one of the great Renaissance [**building** / **buildings**]70). [**A** / **The**]71) number of other fine works, including chapels in Florentine churches, strengthened his reputation. And the [**stunned** / **stunning**]72) dome of Il Duomo is his masterpiece. He also [**designed** / **was designed**]73) machinery to produce special effects in theatrical productions. He died in Florence and [**was** / **x**]74) buried in Il Duomo.

27

Youth Leaders Camp

This camp is an [**annual / annually**]75) event to improve your leadership.

We look forward to [**meet / meeting**]76) you soon in Canada.

Dates: July 5 – 7, 2025

Ages: 17 – 19

Place: University of Drakemont

Programs

- Day 1: Team Building & Leadership Skills Workshop

- Day 2: Culture Tour

- Day 3: Leadership Project Planning & Presentations

Participation Fee: $700

Notes

- Registration is only available online at www.ylc2025.com.

- Participation fee includes [**everything / something**]77) except for the flight tickets to Canada.

For more information, please visit our website.

28

Jog, walk, pick up trash, and [**conserve / converse**]78) the Earth!

When: September 13, 2025

Where: Lake Union

Details

- The event starts at 11:00 a.m.

- There is no participation fee.

- You'll walk and run around the lake [**during / while**]79) picking up trash.

Notes

- Wear comfortable athletic clothes and running shoes for your safety.

- Garbage bags will be provided.

- If it rains, the event will be cancelled.

If you have any questions, please email us at information@ploggingrun.org.

29

In art, there are [**a** / **the**]80) number of ways to use perspective to obtain the illusion of depth, including [**used** / **using**]81) colors and graduated values of black and white, and [**accurate** / **accurately**]82) drawing the subject by applying the rules of the geometric system of perspective. In order to achieve perspective, you must make [**a** / **the**]83) number of observations. The forms or objects that you draw on a flat surface actually [**has** / **have**]84) depth and dimension in real life. As you view them and place their shapes and forms on a drawing surface, try [**representing** / **to represent**]85) that depth to make the objects appear [**realistic** / **realistically**]86) and three-dimensional. Objects appear [**different** / **differently**]87) when viewed from various positions. Because of this, it's important to establish the viewpoint, and stick with [**it** / **them**]88). When observing a subject, you see depth and three dimensions. [**When** / **Where**]89) you draw this subject onto a flat surface as it appears to the eye, you are drawing in perspective.

30

Low oil prices are a good thing, [**because** / **because of**]90) it means lower energy costs of production for the [**majority** / **minority**]91) of industries, not least the automobile and the logistics industries. Firms directly benefit from the [**decrease** / **increase**]92) in their costs of production and provision of services. This has the effect of stimulating the aggregate supply and [**provide** / **provides**]93) a stimulus for growth. Conversely, a sudden [**raise** / **rise**]94) in oil prices due to a shrink in oil production is [**always** / **never**]95) good news, even though it definitely gives a big boost to the energy sector. A look through the history of oil price fluctuations [**prove** / **proves**]96) this notion, as this [**had** / **has**]97) been the subject of much economic research. Following an oil price jump of 10 per cent due to a contraction in [**demand** / **supply**]98), an economy (as typified by the US economy) typically sees its output (GDP) [**slowed** / **slowing**]99) by close to 1 percentage point. For a $15 trillion economy, that is a loss of $150 billion in potential wealth or [**economic** / **economically**]100) growth. Conversely, there has never been much concern with oil price [**decreases** / **increases**]101) following an excess in its supply.

31

We might forget an anecdote about a stranger because it makes [**few** / **a few**]102) connections with our existing associations, but we won't forget a piece of gossip about our cousin. There's one [**complex** / **simple**]103) network that is larger and quicker to access than all [**others** / **the others**]104) — the self. We've been thinking about ourselves in our whole lives. (In fact, there were entire years [**during** / **while**]105) junior high when we weren't capable of thinking about much else.) So if a new piece of information [**has** / **have**]106) something to do with *us*, it will be more easily and thoroughly processed. It hits even closer to home than our [**actual** / **actually**]107) home — we can take a vacation away from our home, but not from *ourselves*. The most [**effective** / **effectively**]108) communicators find ways to make the abstract personal. Consider the warning that law schools give to motivate first-year law students [**concerned** / **concerning**]109) the rigors of their program. Hearing [**that** / **what**]110) "the first-year dropout rate is 33%" is an abstract statistic. "Look to your left, look to your right. One of the three of you won't be [**joined** / **joining**]111) us next fall" wakes up the self.

32

Steve Jobs used analogy to get people to [**embrace** / **embracing**]112) the new technology. Before computers, people worked in a [**mental** / **physical**]113) world. We used paper and pens and physical file folders and so on. The idea of working in a [**virtual** / **virtually**]114) world was radically different. Or at least *seemed* radically different. What Jobs understood was [**that** / **what**]115) a physical office was fundamentally similar to a virtual office. To win over the masses, Jobs drew [**strong** / **weak**]116) analogies between the traditional workplace people knew well with the new, [**familiar** / **unfamiliar**]117) virtual workplace. In the pre-computer workplace, [**when** / **where**]118) ideas were written on paper it was called . . . a document. [**When** / **Where**]119) those documents needed to be stored they were put in . . . a folder. And those folders were kept on . . . a desk. Documents, folders, and desktops are the terms we use in our virtual work [**because** / **because of**]120) Steve Jobs understood that using [**familiar** / **unfamiliar**]121) terms would make the new technology easier to understand. The parallels between the physical and virtual workplace now [**seem** / **seems**]122) obvious.

33

Turtle hatchlings have, it seems, [**evolved** / **olved**]123) to crawl toward the light. For millions of years this was a highly [**rational** / **rationally**]124) and effective strategy [**because** / **ecause of**]125) the light on a dark beach represented the reflection of the moon and stars on the water's surface. [**Follow** / **Following**]126) the lights led baby turtles back home to the sea. The problems started [**when** / **which**]127) humans began building beachfront homes and sparkling hotels on [**the** / **x**]128) other side of the beach. Now after hatching, turtles heading for the [**brightest** / **darkest**]129) nearby lights were being guided straight into traffic. Are self-destructive sea turtles naturally [**irrational** / **irrationally**]130) ? Yes, in the modern world. But there's a deeper truth. Turtles are [**based** / **basing**]131) their decisions on simple cues [**that** / **what**]132) were perfectly rational for their ancestors; these days, however, their evolved decision-making mechanisms [**are** / **is**]133) being blinded by modern lights.

34

Sensory organs are the only channels of communication between the brain and the [**inside** / **outside**]134) world. Simply put, the brain is [**not** / **x**]135) designed to sense on its own. For instance, an [**exposed** / **imposed**]136) brain would neither sense light shining on it [**nor** / **or**]137) feel something touching it. In fact, patients are often kept awake [**during** / **while**]138) brain surgery, [**which** / **in which**]139) can help a surgeon isolate specific regions of the brain. The ancient Greek philosopher Aristotle [**recognized** / **was recognized**]140) this characteristic of the brain over 2,000 years ago when he said, "Nothing is in the mind that does not pass through the senses." This concept can be seen [**clear** / **clearly**]141) when volunteers are blind-folded and placed in the warm water of a sensory deprivation tank. They soon experience visual, auditory, and tactile (touch) hallucinations, as well as [**coherent** / **incoherent**]142) thought patterns. From these experiments and [**others** / **the others**]143), it is apparent that we need [**constant** / **constantly**]144) input from our senses to carry out functions that give us personality and intellect.

35

The writer and zoologist Desmond Morris observed [that / what]145) our feet communicate exactly what we think and feel [less / more]146) honestly than any other part of our bodies. Why are the feet and legs such [accurate / accurately]147) reflectors of our sentiments? For millions of years, long before humans spoke, our legs and feet reacted to environmental threats (e.g., hot sand, ill-tempered lions) instantaneously, without the need for [conscious / consciously]148) thought. Our limbic brains made sure that our feet and legs reacted as needed by either ceasing motion, running away, [nor / or]149) kicking at a potential threat. This survival regimen, retained from our ancestral heritage, [have / has]150) served us well and continues to do so today. In fact, these age-old reactions are still so hardwired in us [that / what]151) when we are presented with something dangerous or even disagreeable, our feet and legs still react as they [did / were]152) in prehistoric times.

36

The transition from an oral culture, [in / x]153) which knowledge was handed down through stories, songs, and apprenticeships, to a [literate / literal]154) one, based on the written word, was held back for centuries by the [abundance / lack]155) of suitable writing material. Stone and clay tablets were used, but they were prone to fracture and [was / were]156) bulky and heavy to transport. Wood suffers from splitting and is [susceptible / susceptibly]157) to decay. Wall paintings are static and space [are / is]158) limited. The invention of paper, said to be one of the four great inventions of the Chinese, [solved / was solved]159) these problems, but it wasn't until the Romans replaced the scroll with the codex — or, as we call it now, the book — [that / what]160) the material reached its full potential. That was two thousand years ago, and it is still a [dominant / dominantly]161) form of the written word. That paper, a much softer material than either stone or wood, won out as the guardian of the written word is a [remarkable / remarkably]162) materials story.

37

A reason for a conclusion is very [likely / unlikely]163) to consist in a single claim. No matter how we might state it in short-hand, it is, analytically, a [complex / simple]164) interaction of many ideas and implications. The reason must be broken down into a chain of [less / more]165) precise premises. For example, the claim that 'university education should be free for all Australians' might be supported by the reason [that / what]166) 'the economy benefits from a well-educated Australian population'. But is our analysis of the situation clearly [expressed / expressing]167) in just one statement? Hardly. The conclusion is about universities and free education, [during / while]168) the reason introduces some new ideas: economic benefit and a well-educated population. While the link between these two ideas and the conclusion [might / might not]169) seem obvious, the purpose of reasoning is to avoid [assuming / to assume]170) the 'obvious' by carefully working through the connections between the various ideas in the [initial / initially]171) statement of our reason.

38

The word "migration" is almost always reported in the popular media and even in [**scientific** / **scientifically**]172) literature as a problem or a crisis. For example, migrants are [**assumed** / **consumed**]173) to overcrowd cities, clog up labor markets, and [**increase** / **increased**]174) poverty. The other questionable assumption is that most migration is [**voluntary** / **involuntary**]175) — people fleeing natural or man-made disasters. The reality, however, is more complex, and many migrants are simply seeking greater economic opportunity. Of course migration can and does create social and economic problems. But migration can also be a solution for many [**preexisted** / **preexisting**]176) problems. For example, out-migration generally redistributes workers from places of labor surplus to areas where there is greater demand or more opportunity. Migration is generally selective of persons who are younger, healthier, more flexible, and more [**willing** / **relunctant**]177) to endure hardship in hopes of a better life relative to their prospects in [**its** / **their**]178) places of origin. Most research that examines long-term outcomes of migration, including remittances and intergenerational mobility, finds positive "long-term" effects on places of origin and destination.

39

The big problem with money created by the government [**are** / **is**]179) that those who run the government always face the temptation to create more money and spend [**it** / **them**]180). Whether among ancient kings or modern politicians, this [**had** / **has**]181) happened again and again over the centuries, [**lead** / **leading**]182) to inflation and the [**many** / **much**]183) economic and social problems that follow from inflation. For this reason, many countries [**had** / **have**]184) preferred using gold, silver, or some other material that is [**inherent** / **inherently**]185) limited in supply, as money. It is a way of depriving governments of the power to [**expand** / **expend**]186) the money supply to inflationary levels. Gold has long been considered ideal for this purpose, since the supply of gold in the world usually cannot be increased [**rapid** / **rapidly**]187). When paper money is convertible into gold [**whenever** / **wherever**]188) the individual chooses to do so, then the money is said to be "backed up" by gold. This expression is [**mislead** / **misleading**]189) only if we imagine that the value of the gold is somehow transferred to the paper money, when in fact the real point is [**that** / **what**]190) the gold simply limits the amount of paper money that can be issued.

40

The study of emotions and decision making is now of [**considerable** / **considerate**]191) importance. This [**evolves** / **involves**]192) the application of various tools afforded by neuroscience. One important stream of the literature [**examine** / **examines**]193) people with brain damage and how damage to particular parts of the brain known to be responsible for particular cognitive functions [**impact** / **impacts**]194) on decision making. One example of this research is the work of Antonio Damasio, who finds [**that** / **what**]195) when the emotional part of the brain is damaged, this actually [**increases** / **reduces**]196) the efficacy of decision making. Good decisions are a product of the [**emotional** / **emotionally**]197) part of the brain working in conjunction with the deliberative part. This [**contradicts** / **matches**]198) the assumptions of conventional economics, where emotions play a [**negative** / **positive**]199) role in the decision-making process. Here it is assumed that decision making can be modeled as being generated in a stoic, [**emotional** / **unemotional**]200) fashion, and that's [**because** / **why**]201) decisions tend to be optimal. But the evidence suggests [**that** / **what**]202) emotions actually play an important and, often, a [**negative** / **positive**]203) role in decision making.

41~42

Shoppers [**confronted** / **confronting**]204) with the choice of thirty different varieties of gourmet chocolates are [**less** / **more**]205) likely to walk away without buying any, compared with [**when** / **where**]206) they are presented with only half a dozen choices. If employees are [**given** / **giving**]207) a free trip to Paris, they are happy. If you give them a free trip to Hawaii, they are happy. But if you offer them the choice between the two destinations, they are [**less** / **more**]208) happy, no matter what they choose. Why might choice be so disruptive? The reason is [**that** / **what**]209) choice forces us to make comparisons and acknowledge relative [**advantages** / **disadvantages**]210). People who choose Paris complain [**that** / **what**]211) it doesn't have the ocean and those who choose Hawaii regret that it doesn't have the museums. Psychologist Barry Schwartz calls this the 'tyranny of choice' [**because** / **because of**]212) rather than providing freedom, it actually constrains our decision−making. He argues that [**narrower** / **wider**]213) choice increases unhappiness [**because** / **because of**]214) we worry that we are going to make the wrong decision and so we get stressed about trying to process all the comparisons in an effort to get it right. This both [**decreases** / **increases**]215) our fear of making the wrong choice and raises expectations [**that** / **what**]216) we should be able to get the best choice. Having made the choice, we then start to regret, [**wandering** / **wondering**]217) whether it was the right one.

43~45

As the train pulled into a quiet countryside station, the gentle chatter of passengers [**filled** / **filling**]218) the air. Linda was excited to finally visit her grandparents after two years. She watched people [**getting** / **to get**]219) onto the train and hurriedly finding their seats. A moment later, an elderly woman [**struggled** / **struggling**]220) with a heavy bag, trying to sit down next to her. The bag seemed almost too big for her small body. Linda [**hasted** / **hesitated**]221), unsure if the elderly woman would want her help. But soon, she chose to [**assist** / **assisting**]222) the woman. "Let me help you with your bag," she said. Before she could reach the bag, the elderly woman suddenly lost her balance and fell down. She lay on her back, and her face was pale. Linda froze for a moment, [**feeling** / **felt**]223) the urgency of the situation. She quickly knelt down beside the fallen woman, as [**a** / **x**]224) few people rushed over. Linda carefully tapped the elderly woman's shoulder to check if she was alright. The woman groaned softly, trying to gather her strength. Linda moved [**closer** / **farther**]225), sliding a hand under the woman's back. As the woman's eyes slowly opened, she reassured her softly, "It's okay, just relax for a moment." Linda helped the woman [**sit** / **sitting**]226) up slowly, then guided her back to her seat. As the situation settled, people around went back to their seats. As the elderly woman finally calmed down, she looked at Linda with a smile. "I'm so sorry," she said. "I have low blood pressure, and the sudden movement of the train [**must** / **should**]227) have made me feel dizzy. Thank you so much for helping me." Linda nodded gently in response, then turned her gaze back to the [**peaceful** / **peacefully**]228) countryside scene. She thought that no matter how unsure she might feel, even the smallest act of help is much better for someone in need than doing [**nothing** / **something**]229).

2025 고2 6월 모의고사   ❶ 회차   :   점 / 670점

18

Dear Ms. Lopez,

We want to express our g__________1) for your d__________2) as a Spanish instructor. With e__________3) teaching skills, you have significantly improved our students' p__________4) and c__________5) in Spanish. As the year is about to end, it is time for us to reflect on your c__________6) and consider the r__________7) of your c__________8). Given your positive impact, we would like to offer an e__________9) of your contract for the next a__________10) year. We believe your continued i__________11) will further e__________12) our students' learning experience and academic a__________13). We look forward to your response.

Sincerely,

James Martin

Principal

Lopez님께,

우리는 스페인어 강사로서의 당신의 헌신에 감사를 표하고 싶습니다. 뛰어난 교수 능력으로, 당신은 스페인어에서의 우리 학생들의 발전과 자신감을 크게 향상시켜 주셨습니다. 한 해가 막 끝나가면서, 우리가 당신의 기여를 되짚어보고 당신의 계약 갱신을 고려할 때가 되었습니다. 당신의 긍정적인 영향을 감안하여, 우리는 다음 학년도 당신의 계약 연장을 제안하고 싶습니다. 우리는 당신의 지속적인 참여가 우리 학생들의 학습 경험과 학업 성취를 더욱 향상시킬 것이라 믿습니다. 우리는 당신의 답변을 기다리겠습니다.
진심을 담아,
교장 James Martin

19

Peter s__________14) out of the freezing night air and into the brightly l__________15) hospital lobby, holding his three-year-old daughter in his arms. The h__________16) light made her look even more u__________17), her face all red and sweaty. Her fever had started suddenly, just before dinner, but it wouldn't go down d__________18) his e__________19). At the front desk, he explained her s__________20), his c__________21) growing with every moment. They were quickly led to the doctor, who r__________22) him and carefully e__________23) his daughter. After the doctor gave her a shot, her fever went down and she seemed more c__________24). As Peter watched her sleep p__________25) that night, he felt a wave of c__________26) wash over him.

Peter는 그의 세 살 난 딸을 자신의 팔에 안고, 얼어 붙을 듯한 밤공기를 벗어나 환히 불이 켜진 병원 로비로 들어섰다. 강렬한 조명이 그녀를 훨씬 더 아파 보이게 만들었고, 그녀의 얼굴은 온통 빨갛고 땀으로 젖어 있었다. 그녀의 열은 저녁 식사 직전에, 갑자기 시작되었는데, 그의 노력에도 불구하고 열이 내리지 않았다. 접수대에서, 그는 그녀의 증상을 설명하였고, 매 순간 그의 걱정이 커졌다. 그들은 신속히 의사에게 안내되었고, 의사는 그를 안심시키며 그의 딸을 세심히 진찰했다. 의사가 그녀에게 주사를 놓은 후, 그녀의 열이 내렸고 그녀는 한결 편안해 보였다. Peter는 그날 밤 그녀가 평화롭게 잠자는 것을 지켜보며, 그는 안도의 물결이 그에게 밀려오는 것을 느꼈다.

20

Imagine you have the best tea in the world and you put it into a bag that's i__________27). It won't w__________28). You just won't be a__________29) to make a cup of tea. For the teabag to work, it needs to be p__________30). You need the tea and the water to come in c__________31) with each other. In our lives too, we cannot s__________32) and t__________33) in i__________34). Leaders need to be careful not to b__________35) w__________36) around themselves that p__________37) people from r__________38) out to them. As a leader, you need to be able to t__________39) other people. The tea was m__________40) to m__________41) with the water. Similarly all of us were d__________42) to work with other people, with teams, and with s__________43) at l__________44).

당신이 세상에서 제일 좋은 차(茶)를 가지고 있고 당신이 그것을 스며들지 않는 티백에 넣는다고 상상해 보라. 그것은 작용하지 않을 것이다. 당신은 그저 차 한 잔을 만들 수 없을 것이다. 티백이 작용하려면, 그것은 구멍이 있어야 한다. 당신은 차와 물이 서로 접촉할 수 있도록 해야 한다. 우리 삶에서도 마찬가지로, 우리는 고립된 채로는 살아갈 수도 성장할 수도 없다. 리더는 사람들이 그들에게 다가오지 못하게 막는 벽을 그들 자신의 주변에 쌓지 않도록 주의해야 한다. 리더로서, 당신은 다른 사람들과 접촉할 수 있어야 한다. 차는 물과 섞이도록 의도되었다. 마찬가지로 우리 모두도 다른 사람들, 팀, 그리고 더 크게는 사회와 함께 일하도록 설계되었다.

21

It is difficult, if not impossible, to d__________45) the l__________46) which r__________47) should i__________48) on the d__________49) for wealth; for there is no a__________50) or d__________51) amount of wealth which will s__________52) a man. The amount is always r__________53), that is to say, just so much as will m__________54) the p__________55) between what he wants and what he gets; for to m__________56) a man's happiness only by what he gets, and not also by what he e__________57) to get, is as p__________58) as to try and express a f__________59) which shall have a n__________60) but no d__________61). A man never feels the l__________62) of things which it never occurs to him to a__________63) for; he is just as happy w__________64) them; w__________65) another, who may have a hundred times as much, feels m__________66) because he has not got the one thing he w__________67). In fact, every man has a h__________68) of his o__________69), and he will expect as much as he thinks it is p__________70) for him to get.

이성이 부에 대한 욕망에 두어야 할 한계를 규정하는 것은, 불가능하지는 않더라도, 어렵다; 왜냐하면 한 사람을 만족시킬 절대적이거나 정해진 부의 양은 없기 때문이다. 그 양은 항상 상대적인데, 즉, 그가 원하는 것과 그가 얻는 것 사이의 비율을 유지할 정도만큼이다; 왜냐하면 한 사람의 행복을 그가 얻는 것만으로 평가하고, 그가 얻기를 기대하는 것까지는 평가하지 않는 것은, 마치 분자가 있지만 분모가 없는 분수를 표현하려는 것만큼 무의미하기 때문이다. 한 사람은 그가 요구할 생각을 전혀 하지 않은 것들에 대해서는 결코 상실감을 느끼지 않는다; 그는 그것들이 없어도 그만큼 행복하다; 반면, 백 배나 많은 것을 가지고 있을지 모를, 다른 사람은 그가 원하는 한 가지를 그가 가지지 못했기 때문에 비참함을 느낀다. 사실, 모든 사람은 그만의 지평선을 가지고 있으며, 그는 그가 얻을 수 있다고 생각하는 만큼을 기대할 것이다.

22

All of the restaurants are using carefully c__________71) words to e__________72) v__________73) mental i__________74) of delicious food and rich desserts in order to d__________75) the p__________76) customer to their particular e__________77). Just like the restaurants, n__________78) has its own d__________79) establishments. In a f__________80) similar to the restaurants' financial d__________81) upon drawing in many c__________82), the restaurateurs of the natural world (i.e., flowers) must also a__________83) potential d__________84) to s__________85) their o__________86). In the natural world, there are no neon signs or f__________87) words in which to m__________88) a potential m__________89) to hungry animals. These restaurants that I am r__________90) to are the world's flowers, and the potential g__________91) are the h__________92) of organisms that v__________93) flowers to o__________94) nectar and other valuable r__________95). I__________96) of using a w__________97) language or neon sign, they a__________98) their offerings just as e__________99) using the l__________100) of s__________101).

모든 음식점은 잠재적 고객을 그들의 특정 가게로 끌어들이기 위해 맛있는 음식과 풍부한 디저트의 생생한 마음의 이미지를 불러일으키는 신중하게 선택된 단어를 사용하고 있다. 음식점들과 같이, 자연도 자신만의 식당을 가지고 있다. 많은 고객을 끌어들이는 것에 대한 음식점의 재정적 의존과 유사한 방식으로, 자연 세계의 음식점 경영자들(즉, 꽃들)도 그들의 제공물을 맛볼 수 있도록 잠재적 식사 손님들을 유혹해야 한다. 자연 세계에는, 배고픈 동물들에게 잠재적인 식사를 광고할 수 있는 네온사인이나 화려한 말이 없다. 내가 언급하고 있는 이러한 식당들은 세계의 꽃들이며, 잠재적인 손님들은 넥타와 다른 귀중한 자원을 얻기 위해 꽃을 방문하는 여러 생물들이다. 문자 언어나 네온사인을 사용하는 대신, 그들은 그만큼 효과적으로 냄새라는 언어를 사용하여 그들의 제공물을 광고한다.

23

Would you rather receive $1,000 in a year or $1,100 in a year and a month? Most people will o__________102) for the larger s__________103) in thirteen months — where else will you find a monthly i__________104) r__________105) of 10 percent. A w__________106) choice, since the interest will c__________107) you generously for any r__________108) you f__________109) by waiting the e__________110) few weeks. Second question: Would you prefer $1,000 today c__________111) on the table or $1,100 in a month? If you think like most people, you'll take the $1,000 r__________112) away. This is amazing. In both cases, if you h__________113) out for just a month l__________114), you get $100 m__________115). In the first case, it's simple enough. You f__________116): "I've already waited twelve months; what's one more?" Not in the second case. The i__________117) of "now" c__________118) us to make i__________119) decisions. Science calls this p__________120) *hyperbolic discounting*. The c__________121) a r__________122) is, the h__________123) our "e__________124) interest rate" r__________125) and the more we are willing to g__________126) up in e__________127) for it.

당신은 1년 후에 1,000달러를 받을 것인가 아니면 1년 1개월 후에 1,100달러를 받을 것인가? 대부분의 사람들은 13개월 후 더 큰 금액을 선택할 것이다 — 10퍼센트의 월 이율을 다른 어느 곳에서 찾을 것인가. 현명한 선택인데, 왜냐하면 추가로 몇 주를 기다림으로써 당신이 직면하는 어떤 위험에 대해서도 이자가 당신에게 충분히 보상해 줄 것이기 때문이다. 두 번째 질문: 당신은 오늘 당장 현금 1,000달러를 선호하는가 아니면 한 달 후 1,100달러를 선호하는가? 만약 당신이 대부분의 사람들처럼 생각한다면, 당신은 즉시 1,000달러를 가져갈 것이다. 이는 놀랍다. 두 경우 모두, 당신이 한 달만 더 오래 기다린다면, 100달러를 더 받는다. 첫 번째 경우, 그것은 충분히 간단하다. 당신은 판단한다: "나는 이미 12개월을 기다렸어; 한 달 더가 뭐라고?" 두 번째 경우는 아니다. "지금"의 도입은 우리가 일관되지 않은 결정을 내리게 만든다. 과학은 이러한 현상을 하이퍼볼릭 디스카운팅 (hyperbolic discounting)이라고 부른다. 보상이 더 가까울수록, 우리의 "감정적 이율"이 더 높이 상승하고 우리는 그것을 대가로 더 기꺼이 포기하려 한다.

24

Of c__________128) importance for understanding the d__________129) of h__________130) is the a__________131) to the question of w__________132) in development it is actually d__________133) whether a child will be left-handed or right-handed. It was long thought that handedness could only be r__________134) determined in elementary school, when a child learns to w__________135). However, this a__________136) is i__________137). In fact, scientific studies show that left-handedness is e__________138) in many children long b__________139) elementary school — interestingly, even before b__________140) in most people. In such studies, the hand and arm m__________141) of u__________142) children in the w__________143) are recorded using u__________144) images. Using this technique, it was shown that a clear p__________145) for the movement of the right arm e__________146) as e__________147) as 10 weeks after f__________148). In this study, ultrasound images of 72 unborn children 10 weeks after fertilization were e__________149) and 85% showed m__________150) movements of the r__________151) arm than the l__________152). This n__________153) is already very c__________154) to the approximately 89.4% r__________155) among adults.

아이가 왼손잡이가 될지 오른손잡이가 될지가 발달 과정에서 언제 실제로 결정되는지에 대한 질문의 답은 잘 쓰는 쪽 손(handedness)의 발달을 이해하는 데 있어서 매우 중요하다. 잘 쓰는 쪽 손은 아이가 글쓰기를 배우는, 초등학교에서 확실히 결정될 수 있다고만 오랫동안 생각되었다. 그러나, 이 가정은 잘못되었다. 사실, 과학적 연구들은 왼손을 잘 쓰는 것은 많은 아이들에게 초등학교 훨씬 이전에 확립된다는 것을 보여준다—흥미롭게도, 대부분의 사람에게는 심지어 출생 전에. 그러한 연구들에서, 자궁에서 태아의 손과 팔의 움직임이 초음파 이미지를 사용하여 기록된다. 이 기술을 사용하여, 오른팔 움직임에 대한 명확한 선호가 수정 후 10주만큼 일찍 존재한다는 것이 밝혀졌다. 이 연구에서는, 수정 후 10주가 된 72명의 태아의 초음파 이미지가 평가되었고 85%가 왼팔보다 오른팔의 더 많은 움직임을 보였다. 이 수치는 이미 성인들 중 약 89.4%의 오른손잡이에 매우 근접하다.

25

The graph above shows US dairy product i__________156) in selected countries from 2018 to 2020. A__________157) the four countries above, Mexico c__________158) recorded the highest imports of US dairy products from 2018 to 2020. However, US dairy product imports in Mexico d__________159) from 2019 to 2020, while the r__________160) was true in the other three countries during the same p__________161). In Indonesia, US dairy product imports in 2020 were more than twice t__________162) in 2018. The i__________163) in US dairy product imports in the Philippines from 2018 to 2019 was s__________164) than t__________165) in Indonesia in the same period. China was the o__________166) country where imports of US dairy products d__________167) between 2018 and 2019.

위 그래프는 2018년부터 2020년까지 선택된 국가들의 미국 유제품 수입액을 보여준다. 위의 네 국가 중, 멕시코는 2018년부터 2020년까지 일관되게 가장 높은 미국 유제품 수입액을 기록했다. 그러나, 멕시코의 미국 유제품 수입액은 2019년부터 2020년까지 감소했고, 반면 같은 기간 동안 다른 세 나라에서는 그 반대가 사실이었다. 인도네시아에서, 2020년 미국 유제품 수입액은 2018년의 그것들보다 두 배 이상이었다. 2018년에서 2019년까지 필리핀의 미국 유제품 수입액의 증가는 같은 기간 인도네시아의 그것보다 더 작았다. 중국은 2018년에서 2019년 사이에 미국 유제품 수입액이 떨어진 유일한 국가였다.

26

Filippo Brunelleschi is considered to be the f__________168) father of Renaissance architecture. He was born in Florence in 1377. Filippo was artistically t__________169), and t__________170) as a g__________171) and a clockmaker before becoming an a__________172) . When he was around 25, he traveled to Rome with his friend, the sculptor Donatello, where he studied the r__________173) of ancient Roman buildings. His first architectural c__________174) was the Ospedale degli Innocenti, which is one of the great Renaissance buildings. A number of other f__________175) works, including c__________176) in Florentine churches, s__________177) his r__________178). And the s__________179) dome of Il Duomo is his m__________180). He also designed m__________181) to produce special e__________182) in theatrical p__________183). He died in Florence and was b__________184) in Il Duomo.

Filippo Brunelleschi는 르네상스 건축의 창시자로 여겨진다. 그는 1377년에 Florence에서 태어났다. Filippo는 예술적으로 재능이 있었고, 건축가가 되기 전 금 세공인과 시계공으로 훈련받았다. 그가 25세일 무렵, 그는 그의 친구인, 조각가 Donatello와 함께 로마로 여행을 갔고, 그곳에서 그는 고대 로마 건물들의 유적을 연구했다. 그의 첫 번째 건축 임무는 Ospedale degli Innocenti였고, 그것은 위대한 르네상스 건물들 중 하나이다. Florence의 교회들의 예배당들을 포함한, 수많은 다른 훌륭한 작품들은 그의 명성을 공고히 했다. 그리고 Il Duomo의 멋진 돔은 그의 걸작이다. 그는 또한 연극 작품들의 특수 효과를 만들기 위한 기계를 설계했다. 그는 Florence에서 사망했고 Il Duomo에 묻혔다.

27

Youth Leaders Camp

This camp is an a__________185) event to improve your l__________186).

We look forward to meeting you soon in Canada.

Dates: July 5 – 7, 2025

Ages: 17 – 19

Place: University of Drakemont

Programs

– Day 1: Team B__________187) & Leadership Skills Workshop

– Day 2: Culture Tour

– Day 3: Leadership Project Planning & Presentations

P__________188) Fee: $700

Notes

– Registration is only a__________189) online at www.ylc2025.com.

– Participation fee i__________190) everything e__________191) for the flight tickets to Canada.

For more information, please v__________192) our website.

청소년 리더 캠프
이 캠프는 여러분의 리더십을 향상하기 위한 연례 행사입니다. 우리는 여러분과 캐나다에서 곧 만나기를 고대합니다.
날짜: 2025년 7월 5일 –7일
연령: 17세 –19세
장소: Drakemont 대학교
프로그램
– 첫째 날: 팀 구성 및 리더십 역량 워크숍
– 둘째 날: 문화 탐방
– 셋째 날: 리더십 프로젝트 기획 및 발표
참가비: 700달러
참고 사항
– 등록은 www.ylc2025.com에서 온라인으로만 가능합니다.
– 참가비에 캐나다행 항공권을 제외한 모든 것이 포함됩니다.
더 많은 정보를 위해, 우리 웹사이트를 방문해 주시기 바랍니다.

28

Plogging Run

Jog, walk, p__________193) up trash, and c__________194) the Earth!

When: September 13, 2025

Where: Lake Union

Details

- The event starts at 11:00 a.m.

- There is no participation fee.

- You'll walk and run around the lake while picking up trash.

Notes

- Wear c__________195) athletic clothes and running shoes for your s__________196).

- Garbage bags will be p__________197).

- If it rains, the event will be cancelled.

If you have any questions, please email us at information@ploggingrun.org.

Plogging Run
뛰고, 걷고, 쓰레기를 줍고, 지구를 보존하세요!
언제: 2025년 9월 13일
어디서: Lake Union
세부 사항
- 행사는 오전 11시에 시작됩니다.
- 참가비는 없습니다.
- 당신은 쓰레기를 주우며 호수 주변을 걷고 달릴 겁니다.
참고 사항
- 안전을 위해 편안한 운동복과 운동화를 착용하세요.
- 쓰레기봉투는 제공될 것입니다.
- 비가 오면, 행사는 취소될 것입니다.
질문이 있으시면, 우리에게 information@ploggingrun.org로 이메일을 보내 주세요.

29

In art, there are a number of ways to use p__________198) to obtain the i__________199) of d__________200), including using colors and g__________201) v__________202) of black and white, and a__________203) drawing the subject by a__________204) the r__________205) of the g__________206) system of perspective. In order to a__________207) perspective, you must make a n__________208) of o__________209). The f__________210) or objects that you draw on a f__________211) surface actually have depth and d__________212) in r__________213) life. As you view them and p__________214) their s__________215) and forms on a drawing s__________216), try to r__________217) that depth to make the objects appear r__________218) and t__________219). Objects appear d__________220) when viewed from various p__________221). Because of this, it's important to e__________222) the v__________223), and s__________224) with it. When observing a s__________225), you see depth and three dimensions. When you draw this subject onto a flat surface as it a__________226) to the e__________227), you are drawing in perspective.

미술에서, 깊이의 착시 효과를 얻기 위해 원근법을 사용하는 많은 방법이 있는데, 색상과 흑백의 그라데이션 값(점진적인 톤 변화)을 이용하는 것과, 원근법의 기하학적 시스템 규칙을 적용함으로써 대상을 정확하게 그리는 것을 포함한다. 원근법을 구현하기 위해서, 당신은 많은 관찰을 해야 한다. 당신이 평면에 그리는 형태나 물체는 실제로 실생활에서는 깊이와 차원이 있다. 당신은 그것들을 보고 그것들의 모양과 형태를 그림 표면에 배치할 때, 물체들이 현실적이고 3차원처럼 보이도록 그 깊이를 나타내려고 노력하라. 물체는 다양한 위치에서 보여질 때 다르게 나타난다. 이 때문에, 관찰점을 설정하고, 그것을 고수하는 것이 중요하다. 어떤 대상을 관찰할 때, 당신은 깊이와 3차원을 본다. 당신이 이 대상을 그것이 눈에 보이는 대로 평면에 그릴 때, 당신은 원근법으로 그리고 있는 것이다.

30

Low oil prices are a good thing, because it means lower energy c__________228) of p__________229) for the majority of i__________230), not least the a__________231) and the l__________232) industries. F__________233) directly b__________234) from the d__________235) in their costs of production and p__________236) of s__________237). This has the effect of s__________238) the a__________239) s__________240) and provides a s__________241) for g__________242). C__________243), a s__________244) rise in oil prices due to a s__________245) in oil production is n__________246) good news, even though it d__________247) gives a big b__________248) to the energy s__________249). A look through the history of oil price f__________250) proves this n__________251), as this has been the s__________252) of much economic research. F__________253) an oil price j__________254) of 10 per cent due to a c__________255) in supply, an economy (as t__________256) by the US economy) typically sees its o__________257) (GDP) s__________258) by close to 1 percentage point. For a $15 trillion economy, that is a l__________259) of $150 billion in p__________260) wealth or economic growth. Conversely, there has never been much c__________261) with oil price d__________262) following an e__________263) in its supply.

낮은 유가는 좋은 것인데, 왜냐하면 그것은 다수의 산업, 특히 자동차와 물류 관리 산업에서 생산을 위한 더 낮은 에너지 비용을 의미하기 때문이다. 회사들은 생산 및 서비스 제공 비용의 감소로 직접적으로 혜택을 본다. 이는 총공급을 촉진하는 효과가 있으며 성장에 자극을 제공한다. 반대로, 석유 생산 감소로 인한 유가 급등은, 분명 에너지 부문에 큰 도움을 주기는 하지만, 결코 좋은 소식이 아니다. 유가 변동 역사의 검토는 이 개념을 확증하는데, 왜냐하면 이것은 많은 경제 연구의 주제였기 때문이다. 공급 축소로 인한 10퍼센트의 유가 상승에 이어, (미국 경제로 대표되는) 경제는 일반적으로 그것의 생산량(GDP)이 1퍼센트 포인트 가까이 둔화되는 것을 본다. 15조 달러 규모의 경제에서, 그것은 잠재적 부 또는 경제 성장에서 1,500억 달러의 손실이다. 반대로, 그것의 공급 과잉에 따른 유가 하락에 대해서는 크게 우려한 적이 결코 없었다.

31

We might forget an a__________264) about a s__________265) because it makes few c__________266) with our e__________267) associations, but we won't f__________268) a piece of g__________269) about our cousin. There's one complex n__________270) that is larger and q__________271) to a__________272) than all others — the s__________273). We've been thinking about o__________274) in our whole lives. (In fact, there were entire years during junior high when we weren't c__________275) of thinking about much e__________276).) So if a new p__________277) of i__________278) has something to d__________279) with *u*__________280), it will be more e__________281) and t__________282) p__________283). It hits even c__________284) to home than our a__________285) home — we can take a v__________286) away from our home, but not from *ourselves*. The most e__________287) communicators find ways to make the a__________288) p__________289). Consider the w__________290) that law schools give to m__________291) first-year law students c__________292) the r__________293) of their program. Hearing that "the first-year d__________294) rate is 33%" is an a__________295) statistic. "Look to your left, look to your right. One of the three of you won't be j__________296) us next fall" w__________297) up the s__________298).

우리는 그것이 우리의 기존 연상들과 거의 연관성이 없기 때문에 낯선 사람에 관한 일화는 잊을지 모르지만, 우리의 사촌에 관한 소문은 한 부분도 잊지 않을 것이다. 다른 모든 것보다 더 크고 접근하기에 더 빠른 하나의 복잡한 네트워크가 있다—자아. 우리는 평생 우리 자신에 대해 생각해 왔다. (사실, 중학교 시절 내내 우리는 많은 다른 것들을 생각할 수 없었다.) 그래서 어떤 새로운 정보가 우리와 관련이 있다면, 그것은 더 쉽게 그리고 더 철저하게 처리될 것이다. 그것은 우리의 실제 집보다 훨씬 더 가깝게 와닿는다—우리는 집으로부터 떠나 휴가를 갈 수 있지만, 우리 자신으로부터는 아니다. 가장 효과적인 의사소통자는 추상적인 것을 개인적으로 만드는 방법을 찾는다. 로스쿨이 그들의 프로그램의 엄격함에 대해 1학년 법대생들을 동기 부여하기 위해 주는 경고를 생각해 보라. "첫 해 중도 탈락률은 33%입니다"라고 듣는 것은 추상적인 통계이다. "당신의 왼쪽을 보세요, 당신의 오른쪽을 보세요. 당신들 세 명 중 한 명은 내년 가을에 우리와 함께하지 않을 것입니다"는 자아를 깨운다.

32

Steve Jobs used a__________299) to g__________300) people to e__________301) the new t__________302). Before computers, people worked in a p__________303) world. We used p__________304) and p__________305) and physical file folders and so on. The idea of working in a v__________306) world was r__________307) different. Or at least s__________308) radically different. What Jobs understood was that a physical o__________309) was f__________310) similar to a virtual office. To w__________311) over the m__________312), Jobs d__________313) strong analogies between the t__________314) workplace people k__________315) well with the new, u__________316) virtual workplace. In the p__________317) workplace, when i__________318) were w__________319) on paper it was called . . . a d__________320). When those documents needed to be s__________321) they were p__________322) in . . . a folder. And those folders were k__________323) on . . . a d__________324). Documents, folders, and desktops are the t__________325) we use in our v__________326) work because Steve Jobs understood that using f__________327) terms would make the new technology e__________328) to understand. The p__________329) b__________330) the physical and virtual workplace now seem o__________331).

Steve Jobs는 사람들이 새로운 기술을 받아들이도록 하기 위해 유사성을 사용했다. 컴퓨터 이전에, 사람들은 물리적인 세계에서 일을 했다. 우리는 종이와 펜과 물리적인 파일 폴더 등을 사용했다. 가상 세계에서 일한다는 개념은 혁신적으로 달랐다. 혹은 적어도 혁신적으로 다르게 보였다. Jobs가 이해한 것은 물리적인 사무실이 근본적으로 가상 사무실과 유사하다는 것이었다. 대중을 사로잡기 위해, Jobs는 사람들이 잘 알고 있는 전통적인 일터와 새롭고, 낯선 가상 일터 간의 강한 유사성을 끌어냈다. 컴퓨터 이전의 일터에서, 생각이 종이에 쓰이면 그것은 ... 문서(document)라고 불렸다. 그 문서들이 저장될 필요가 있을 때 그것들은 ... 폴더(folder)에 넣어졌다. 그리고 그 폴더들은 ... 책상(desk)에 보관되었다. 문서, 폴더, 그리고 데스크탑은 Steve Jobs가 친숙한 용어를 사용하는 것이 새로운 기술을 이해하기 더 쉽게 만들 것이라는 것을 이해했기 때문에 우리가 우리의 가상 작업에서 사용하는 용어들이다. 물리적 일터와 가상 일터 사이의 유사점이 지금은 분명해 보인다.

33

Turtle h__________332) have, it seems, e__________333) to c__________334) toward the light. For millions of years this was a highly r__________335) and effective s__________336) because the light on a d__________337) beach r__________338) the r__________339) of the moon and stars on the water's s__________340). F__________341) the lights led baby turtles back h__________342) to the sea. The p__________343) started when humans began building b__________344) homes and s__________345) hotels on the other s__________346) of the beach. Now after h__________347), turtles h__________348) for the b__________349)nearby lights were being g__________350) straight into t__________351). Are s__________352) sea turtles naturally i__________353)? Yes, in the m__________354) world. But there's a deeper t__________355). Turtles are b__________356) their d__________357) on simple c__________358) that were p__________359) rational for their a__________360); these days, however, their evolved decision-making m__________361) are being b__________362) by modern lights.

갓 부화한 거북이들은 빛을 향해 기어가도록 진화한 듯하다. 수백만 년 동안 이것은 매우 이성적이고 효과적인 전략이었는데 왜냐하면 어두운 해변의 빛은 달과 별이 수면에 반사되는 것을 나타냈기 때문이다. 빛을 따라가는 것은 새끼 거북이들이 바다로 돌아가게 이끌었다. 문제는 인간이 해변 반대편에 해변가 주택과 번쩍이는 호텔을 짓기 시작할 때 시작되었다. 이제는 부화한 후에, 근처의 가장 밝은 빛을 향해 가던 거북이들은 곧장 차량으로 유도되고 있었다. 자멸적인 바다 거북이들이 선천적으로 비이성적인가? 그렇다, 현대 세상에서는. 하지만 더 심오한 진실이 있다. 거북이들은 그들의 결정을 그들의 조상들에겐 완벽하게 이성적이었던 단순한 단서에 기반을 두고 있다; 하지만, 요즘, 그들의 진화된 의사결정 메커니즘은 현대의 빛에 의해 가려지고 있다.

34

Sensory o__________363) are the only c__________364) of c__________365) between the b__________366) and the o__________367) world. Simply put, the brain is not d__________368) to s__________369) on its o__________370). For instance, an e__________371) brain would n__________372) sense light s__________373) on it n__________374) feel something t__________375) it. In fact, patients are often kept a__________376) during brain surgery, which can help a surgeon i__________377) specific r__________378) of the brain. The ancient Greek philosopher Aristotle recognized this c__________379) of the brain over 2,000 years ago when he said, "N__________380) is in the mind that does not p__________381) through the senses." This c__________382) can be seen clearly when volunteers are b__________383) and p__________384) in the warm water of a sensory d__________385) tank. They soon e__________386) visual, a__________387), and t__________388) (touch) h__________389), as well as i__________390) thought p__________391). From these experiments and others, it is a__________392) that we need constant i__________393) from our senses to c__________394) out f__________395) that give us p__________396) and i__________397).

감각 기관은 뇌와 외부 세계 사이의 유일한 소통 채널이다. 간단히 말해, 뇌는 스스로 감지하도록 설계되지 않았다. 예를 들어, 노출된 뇌는 그것에 비추어지는 빛을 감지하지 못하거나 그것을 접촉하는 어떤 것을 느끼지도 못할 것이다. 사실상, 환자들은 뇌 수술 중에 종종 계속 깨어 있게 되는데, 이는 외과 의사가 뇌의 특정 영역을 분리하는 데 도움이 될 수 있다. 고대 그리스 철학자 아리스토텔레스가 "머릿속에 감각을 통과하지 않는 것은 어떤 것도 없다."라고 말했을 때, 2,000년 이상 전에 그는 뇌의 이러한 특성을 인식했다. 이 개념은 지원자들이 눈이 가려지고 감각 차단 수조의 따뜻한 물 속에 놓였을 때 명확하게 보여질 수 있다. 그들은 일관성 없는 사고 패턴뿐만 아니라, 시각적인, 청각적인, 그리고 촉각적인 (접촉) 환각을 곧 경험한다. 이러한 실험과 다른 것들로, 우리는 우리에게 성격과 지성을 부여하는 기능을 수행하기 위해 우리는 우리의 감각으로부터 지속적인 입력이 필요하다는 것이 명백하다.

35

The writer and zoologist Desmond Morris observed that our feet c__________398) exactly what we think and feel more h__________399) than any other p__________400) of our bodies. Why are the feet and legs such a___________401) r__________402) of our s__________403)? For millions of years, long before humans s__________404), our legs and feet r__________405) to environmental t__________406) (e.g., hot sand, ill-tempered lions) i__________407), without the n__________408) for c__________409) thought. Our l__________410) brains made s__________411) that our feet and legs reacted as needed by either c__________412) motion, r__________413) away, or k__________414) at a p__________415)threat. This survival r__________416), r__________417) from our ancestral h__________418), has s__________419) us well and c__________420) to do so t__________421). In fact, these age-old r__________422) are still so h__________423) in us that when we are p__________424) with something d__________425) or even d__________426), our feet and legs still react as they d__________427) in p__________428) times.

작가이자 동물학자인 Desmond Morris는 우리의 발이 우리가 생각하는 것을 정확하게 전달하고 우리 몸의 어떤 다른 부위보다 더 정직하게 느낀다는 것을 관찰했다. 왜 발과 다리는 우리 감정의 그토록 정확한 반사경 인걸까? 수백만 년 동안, 인간이 말을 하기 훨씬 이전에, 우리의 다리와 발은 환경적인 위협(예를 들면, 뜨거운 모래, 성질이 나쁜 사자)에 대해, 의식적 사고에 대한 필요 없이, 즉시 반응했다. 우리의 변연계 뇌는 움직임을 멈추거나, 도망가거나, 혹은 잠재적인 위협에 저항함으로써 필요에 따라 우리의 발과 다리가 반드시 반응하도록 했다. 이러한 생존 양생법은, 우리 조상의 유산으로부터 유지되었으며, 우리에게 도움이 되어 왔고 오늘날에도 계속 그러하다. 사실, 이러한 오래된 반응은 여전히 우리에게 매우 굳어져 있어서 우리가 위험하거나 심지어 불쾌한 것에 직면했을 때, 우리의 발과 다리는 그들이 선사시대에 그랬던 것처럼 여전히 반응한다.

36

The t__________429) from an o__________430) culture, in which knowledge was h__________431) down through stories, songs, and a__________432), to a l__________433)one, b__________434) on t__________435) written word, was held b__________436) for centuries by the l__________437) of s__________438) writing m__________439). Stone and clay t__________440) were used, but they were p__________441) to f__________442) and were b__________443) and heavy to t__________444). Wood s__________445) from s__________446) and is s__________447) to d__________448). Wall paintings are s__________449) and s__________450) is l__________451). The i__________452) of paper, said to be one of the four g__________453) inventions of the Chinese, s__________454) these problems, but it wasn't u__________455) the Romans r__________456) the s__________457) with the c__________458) — or, as we c__________459) it now, the book — that the material r__________460) its f__________461) p__________462). That was two thousand years ago, and it is still a d__________463) form of the written w__________464). That paper, a much s__________465) material than either stone or wood, w__________466) out as the g__________467) of the written word is a r__________468) materials story.

이야기, 노래, 그리고 도제 제도를 통해 지식이 전수되던 구전 문화에서 문자를 기반으로 하는 문자 문화로의 전환은 적절한 쓰기 재료의 부족으로 인해 수 세기 동안 지연되었다. 석판과 점토판이 사용되었지만, 그것들은 깨지기 쉽고 운반하기에는 부피가 크고 무거웠다. 목재는 갈라짐을 겪고 부패하기 쉽다. 벽화는 고정되어 있고 공간이 제한되어 있다. 중국의 4대 위대한 발명품 중 하나로 불리는, 종이의 발명은 이러한 문제들을 해결했지만, 로마인들이 두루마리를 코덱스 — 즉, 우리가 현재 그것을, 책이라고 부르는 것처럼 — 로 대체한 후에야 그 재료가 그것의 완전한 잠재력에 다다랐다. 그것은 2천 년 전이었으며, 그것은 여전히 문자의 지배적인 형태이다. 돌이나 목재보다 훨씬 더 부드러운 재료인 종이가, 문자의 수호자로서 역할을 해낸 것은 놀라운 재료 이야기이다.

37

A r__________469) for a conclusion is very u__________470) to c__________471) in a s__________472) claim. No m__________473) how we might s__________474) it in s__________475), it is, analytically, a complex i__________476) of many ideas and i__________477). The reason must be b__________478) down into a c__________479) of more p__________480) p__________481). For example, the c__________482) that 'university education should be free for all Australians' might be s__________483) by the reason that 'the economy benefits from a well-educated Australian p__________484)'. But is our a__________485) of the s__________486) clearly e__________487) in just one s__________488)? H__________489). The conclusion is about universities and free education, while the reason i__________490) some n__________491) ideas: e__________492) benefit and a well-educated population. While the l__________493) between these two ideas and the conclusion might seem o__________494), the p__________495) of r__________496) is to a__________497) assuming the 'obvious' by carefully w__________498) t__________499) the c__________500) between the v__________501) ideas in the i__________502) statement of our reason.

어떤 결론에 대한 어떤 이유가 단 하나의 주장에 존재할 가능성은 매우 낮다. 우리가 그것을 아무리 빨리 진술하더라도, 그것은, 분석적으로, 많은 아이디어들과 함의들의 복잡한 상호작용이다. 그 이유는 더 정확한 전제들의 연결 고리로 나누어져야 한다. 예를 들어, '대학 교육이 모든 호주인에게 무료여야 한다'라는 주장은 '경제가 잘 교육 받은 호주 인구로 인해 이익을 본다'라는 이유로 뒷받침될 수도 있다. 하지만 그 상황에 대한 우리의 분석이 단 하나의 진술로 명확하게 표현되는가? 거의 아니다. 그 결론은 대학과 무상 교육에 관한 것인 반면에, 그 이유는 몇 가지 새로운 아이디어를 도입한다: 경제적 이익과 잘 교육 받은 인구. 이 두 아이디어와 그 결론 사이의 연결이 명백해 보일 수도 있지만, 추론의 목적은 우리의 이유에 대한 초기 진술에서 다양한 아이디어들 간의 연결을 신중하게 살펴봄으로써 '명백한' 것을 가정하는 것을 피하는 것이다.

38

The word "migration" is almost always r__________503) in the popular m__________504) and even in scientific l__________505) as a problem or a c__________506). For example, m__________507) are assumed to o__________508) cities, c__________509) up labor m__________510), and increase p__________511). The other q__________512) assumption is that most migration is i__________513) — people f__________514) natural or man-made d__________515). The r__________516), however, is more complex, and many migrants are simply s__________517) greater economic o__________518). Of course migration can and does create s__________519) and e__________520) problems. But migration can also be a s__________521) for many p__________522) problems. For example, o__________523) generally r__________524) workers from places of labor s__________525) to areas where there is greater d__________526) or more opportunity. Migration is generally s__________527) of persons who are younger, healthier, more f__________528), and more willing to e__________529) h__________530) in hopes of a b__________531) life r__________532) to their p__________533) in their places of o__________534). Most research that examines l__________535) o__________536) of migration, including r__________537) and intergenerational m__________538), finds p__________539) "long-term" effects on places of origin and d__________540).

"이주"라는 단어는 대중 매체와 심지어 과학 문헌에서도 문제나 위기로 거의 항상 보도된다. 예를 들어, 이주민들이 도시를 과밀화시키고, 노동 시장을 막히게 하며, 빈곤을 증가시킨다고 가정된다. 또 다른 의문스러운 가정은 대부분의 이주가 본의가 아니라는 것이다 — 자연적 또는 인위적인 재난을 피해 떠나는 사람들. 그러나, 현실은 더 복잡하고, 많은 이주민들은 단순히 더 큰 경제적 기회를 찾고 있다. 물론 이주는 사회적, 경제적 문제를 일으킬 수 있고 정말로 일으킨다. 하지만 이주는 또한 많은 기존의 문제에 대한 해결책이 될 수 있다. 예를 들어, 외부 이주는 일반적으로 노동 과잉 지역에서 더 큰 수요나 더 많은 기회가 있는 지역으로 노동자를 재분배한다. 이주는 더 젊고, 더 건강하고, 더 유연하며, 그들의 본거지에서의 그들의 전망에 비해 더 나은 삶을 희망하며 고난을 더 기꺼이 견딜 사람들을 일반적으로 선택한다. 이주의 장기적인 결과를 조사하는 대부분의 연구는, 송금과 세대 간 이동을 포함하여, 본거지와 목적지에서 긍정적인 "장기적" 효과를 발견한다.

39

The big problem with money created by the government is that those who r________541) the government always f________542) the t________543) to c________544) more money and s________545) it. Whether among ancient kings or modern p________546), this has happened again and again over the c________547), leading to i________548) and the many economic and social problems that f________549) from inflation. For this reason, many countries have p________550) using gold, silver, or some other m________551) that is i________552) l________553) in s________554), as m________555). It is a way of d________556) governments of the p________557) to e________558) the money supply to i________559) l________560). Gold has long been considered i________561) for this p________562), since the supply of gold in the world usually cannot be i________563) r________564). When p________565) money is c________566) into gold w________567) the individual c________568) to do so, then the money is said to be "b________569) up" by gold. This expression is m________570) only if we imagine that the v________571) of the gold is somehow t________572) to the paper money, when in f________573) the real point is that the gold simply l________574) the a________575) of paper money that can be i________576).

정부에 의해 만들어지는 돈에 대한 큰 문제는 정부를 운영하는 사람들이 더 많은 돈을 만들고 그것을 쓰고 싶은 유혹에 항상 직면한다는 것이다. 고대 왕들 중에서나 현대 정치인들 중에서든, 이것은 수세기 동안 반복되어 일어났으며, 그로 인해 인플레이션과 인플레이션에서 비롯되는 많은 경제적, 사회적 문제들을 초래했다. 이러한 이유로, 많은 국가들은 금, 은, 또는 본질적으로 공급이 제한된 어떤 다른 물질을, 돈으로 사용하는 것을 선호해 왔다. 그것은 정부에게서 돈 공급을 인플레이션 수준으로 확장할 수 있는 권한을 박탈하는 방법이다. 금은 오랫동안 이 목적에 이상적인 것으로 여겨져 왔는데, 전 세계의 금 공급이 보통 급격히 증가될 수 없기 때문이다. 개인이 그렇게 하기를 선택할 때마다 종이돈이 금으로 전환될 수 있을 때, 그러면 그 돈은 금에 의해 "보장된다"라고 말해진다. 이 표현은 우리가 금의 가치가 어떤 방식으로든 종이돈으로 전환된다고 생각하는 경우에만 오해를 살 수 있는데, 이때 사실상 진짜 요점은 금은 발행될 수 있는 종이돈의 양을 단순히 제한한다는 것이다.

40

The study of emotions and decision making is now of c________577) importance. This involves the a_________578) of various tools a________579) by neuroscience. One important s________580) of the l________581) examines people with brain damage and how damage to p________582) parts of the brain known to be r________583) for particular c________584) f________585) impacts on decision making. One example of this research is the work of Antonio Damasio, who finds that when the e________586) part of the brain is d_________587), this actually r________588) the e________589) of decision making. G________590) decisions are a p________591) of the emotional part of the brain w________592) in c________593) with the d________594) part. This c________595) the assumptions of c________596) economics, where emotions play a n________597) role in the decision-making p________598). Here it is assumed that decision making can be modeled as being g________599) in a s________600), unemotional f________601), and that's why decisions tend to be o________602). But the evidence suggests that emotions a________603) play an important and, often, a p________604) role in decision making.

감정과 의사결정에 관한 연구는 이제 상당히 중요하다. 이것은 신경과학에 의해 제공되는 다양한 도구의 적용을 포함한다. 문헌의 한 가지 중요한 흐름은 뇌 손상이 있는 사람과 특정 인지 기능을 담당하는 것으로 알려진 뇌의 특정 부분 손상이 의사결정에 어떻게 영향을 주는지 고찰하는 것이다. 이러한 연구의 한 예는 Antonio Damasio의 연구인데, 그는 뇌의 감정적인 부분이 손상되면, 이것이 실제로 의사결정의 효율성을 감소시킨다는 것을 발견한다. 좋은 결정은 뇌의 감정적인 부분이 숙고적인 부분과 함께 작용하는 결과물이다. 이것은 전통적인 경제학의 가정과 모순되는데, 그것에서는 감정이 의사결정 과정에서 부정적인 역할을 한다. 여기서는 의사결정이 냉정하고, 감정적이지 않은 방식으로 이루어지는 것으로 모델링될 수 있고, 그렇기 때문에 결정이 최적인 경향이 있다고 가정된다. 그러나 증거는 감정은 실제로 의사결정에 중요하고, 종종, 긍정적인 역할을 한다는 것을 시사한다.

41~42

Shoppers c__________605) with the choice of thirty different v_________606) of gourmet chocolates are more likely to w_________607) away without buying a_________608), c_________609) with when they are p_________610) with only half a dozen choices. If employees are g_________611) a free trip to Paris, they are happy. If you give them a free trip to Hawaii, they are happy. But if you o_________612) them the choice b_________613) the two d_________614), they are l_________615) happy, no matter what they c_________616). Why might choice be so d_________617)? The reason is that choice f_________618) us to make c_________619) and a_________620) r_________621) disadvantages. People who choose Paris c_________622) that it doesn't have the ocean and those who choose Hawaii r_________623) that it doesn't have the museums. Psychologist Barry Schwartz calls this the 't_________624) of choice' because rather than providing f_________625), it actually c_________626) our decision-making. He argues that w_________627) choice increases u_________628) because we w_________629) that we are going to make the w_________630) decision and so we get s_________631) about trying to p_________632) all the comparisons in an effort to get it right. This both increases our f_________633) of making the wrong choice and raises e_________634) that we should be able to get the b_________635) choice. H_________636) made the choice, we then start to regret, w_________637) whether it was the r_________638) one.

서른 가지 서로 다른 종류의 고급 초콜릿 중의 선택에 직면한 쇼핑객들은, 여섯 가지의 선택지만 제시받았을 때와 비교했을 때, 어떤 것도 사지 않고 떠날 가능성이 더 높다. 직원들이 파리로의 무료 여행을 제공받으면, 그들은 행복하다. 당신이 그들에게 하와이로의 무료 여행을 제공하면, 그들은 행복하다. 하지만 당신이 두 목적지 중 선택권을 준다면, 그들은 무엇을 선택하든, 덜 행복하다. 선택이 왜 그렇게 혼란스러울 수 있을까? 그 이유는 선택이 우리로 하여금 비교를 하고 상대적인 단점을 인정하도록 강요하기 때문이다. 파리를 선택하는 사람들은 바다가 없다고 불평하고 하와이를 선택하는 사람들은 박물관이 없다고 후회한다. 심리학자 Barry Schwartz는 이를 '선택의 횡포'라고 부르는데 이는 자유를 제공하기보다는, 그것은 실제로 우리의 의사 결정을 제약하기 때문이다. 그는 더 더 많은 선택이 불행을 증가시킨다고 주장하는데, 우리는 잘못된 결정을 내릴 것을 걱정할 것이고 그래서 우리는 그것을 올바르게 하려는 노력으로 모든 비교들을 처리하려고 노력하는 것에 스트레스를 받기 때문이다. 이는 잘못된 선택을 하는 것에 대한 우리의 두려움을 증가시키고 우리가 최상의 선택을 할 수 있어야 한다는 기대를 함께 높인다. 선택을 하면, 그 후 우리는 후회하기 시작하며, 그것이 옳은 것이었는지 궁금해한다.

43~45

As the train p__________639) into a quiet c__________640) station, the gentle chatter of passengers f__________641) the air. Linda was excited to finally visit her grandparents after two years. She watched people getting onto the train and hurriedly finding their seats. A moment later, an elderly woman s__________642) with a heavy bag, trying to sit down next to her. The bag seemed almost too big for her small body. Linda h__________643), u__________644) if the elderly woman would want her h__________645). But soon, she chose to a__________646) the woman. "Let me help you with your bag," she said. Before she could r__________647) the bag, the elderly woman suddenly l__________648) her b__________649) and fell down. She l__________650) on her back, and her face was p__________651). Linda froze for a moment, feeling the u__________652) of the situation. She quickly k__________653) down b__________654) the fallen woman, as a few people r__________655) over. Linda carefully t__________656) the elderly woman's shoulder to check if she was a__________657). The woman groaned softly, trying to g__________658) her strength. Linda moved closer, s__________659) a hand under the woman's back. As the woman's eyes slowly opened, she r__________660) her softly, "It's okay, just relax for a moment." Linda helped the woman sit up slowly, then g__________661) her back to her seat. As the situation s__________662), people around went back to their seats. As the elderly woman finally c__________663) down, she looked at Linda with a smile. "I'm so sorry," she said. "I have low blood pressure, and the s__________664) movement of the train must have made me feel d__________665). Thank you so much for helping me." Linda nodded gently in r__________666), then turned her g__________667) back to the peaceful countryside scene. She thought that no matter how unsure she might feel, even the s__________668) act of help is much better for someone in n__________669) than doing n__________670).

기차가 조용한 시골 역에 정차하자, 승객들의 부드러운 대화 소리가 공기를 가득 채웠다. Linda는 2년 만에 드디어 조부모님을 방문하게 되어 들떠 있었다. 그녀는 사람들이 기차에 올라타고 분주히 그들의 좌석을 찾는 것을 보았다. 잠시 후, 한 노인이 무거운 가방과 씨름하였고, 그녀 옆에 앉으려 했다. 그 가방은 그녀의 작은 몸집에 비해 거의 너무 커 보였다. Linda는 그 노인이 자신의 도움을 원할지 확신이 서지 않아, 망설였다. 그러나 곧, 그녀는 그 여성을 돕기로 했다. "제가 가방 드는 것을 도와 드릴게요,"라고 그녀가 말했다. 그녀가 그 가방에 (손을) 닿기 전에, 그 노인은 갑자기 균형을 잃고 쓰러졌다. 그녀는 등을 바닥에 대고 누워 있었고, 그녀의 얼굴은 창백했다. Linda는 상황의 긴박함을 느끼며, 순간 얼어붙었다. 그녀는 재빨리 쓰러진 여성의 곁에 무릎을 꿇었고, 그때 몇몇 사람들이 서둘러 달려왔다. Linda는 그 노인의 어깨를 조심스럽게 두드려 그녀가 괜찮은지 확인했다. 그 여성은 살며시 끙 소리를 내며 힘을 내려 노력했다. Linda는 가까이 다가가, 그 여성의 등 아래로 손을 살며시 넣었다. 그 여성의 눈이 천천히 떠지자, 그녀는 "괜찮아요, 잠시만 편하게 계세요."라고 상냥하게 그녀를 안심시켰다. Linda는 그 여성이 천천히 일어나 앉을 수 있도록 도왔고, 그 후 그녀를 자신의 자리로 돌아가도록 안내했다. 상황이 안정되자, 주변 사람들이 다시 그들의 좌석으로 돌아갔다. 그 노인이 마침내 안정을 찾자, 그녀는 미소를 지으며 Linda를 보았다. "정말 미안해요,"라고 그녀가 말했다. "제가 저혈압이 있는데, 기차가 갑자기 움직여 제가 어지러움을 느꼈던 것이 분명해요. 저를 도와줘서정말 고마워요." Linda는 대답으로 부드럽게 고개를 끄덕인 후, 그녀의 시선을 다시 평화로운 시골 풍경으로 돌렸다. 그녀는 아무리 그녀가 확신이 서지 않게 느껴지더라도, 가장 작은 도움의 행위조차도 필요한 사람에게는 아무것도 하지 않는 것보다는 훨씬 더 나은 일이라고 생각했다.

2025 고2 6월 모의고사　　　❷ 회차　:　　　　점 / 670점

❶ voca　　❷ text　　❸ [/]　　❹ ____　　❺ quiz 1　　❻ quiz 2　　❼ quiz 3　　❽ quiz 4　　❾ quiz 5

18

Dear Ms. Lopez,

We want to express our g__________1) for your d__________2) as a Spanish instructor. With e__________3) teaching skills, you have significantly improved our students' p__________4) and c__________5) in Spanish. As the year is about to end, it is time for us to reflect on your c__________6) and consider the r__________7) of your c__________8). Given your positive impact, we would like to offer an e__________9) of your contract for the next a__________10) year. We believe your continued i__________11) will further e__________12) our students' learning experience and academic a__________13). We look forward to your response.

Sincerely,

James Martin

Principal

19

Peter s__________14) out of the freezing night air and into the brightly l__________15) hospital lobby, holding his three-year-old daughter in his arms. The h__________16) light made her look even more u__________17), her face all red and sweaty. Her fever had started suddenly, just before dinner, but it wouldn't go down d__________18) his e__________19). At the front desk, he explained her s__________20), his c__________21) growing with every moment. They were quickly led to the doctor, who r__________22) him and carefully e__________23) his daughter. After the doctor gave her a shot, her fever went down and she seemed more c__________24). As Peter watched her sleep p__________25) that night, he felt a wave of c__________26) wash over him.

20

Imagine you have the best tea in the world and you put it into a bag that's i__________27). It won't w__________28). You just won't be a__________29) to make a cup of tea. For the teabag to work, it needs to be p__________30). You need the tea and the water to come in c__________31) with each other. In our lives too, we cannot s__________32) and t__________33) in i__________34). Leaders need to be careful not to b__________35) w__________36) around themselves that p__________37) people from r__________38) out to them. As a leader, you need to be able to t__________39) other people. The tea was m__________40) to m__________41) with the water. Similarly all of us were d__________42) to work with other people, with teams, and with s__________43) at l__________44).

21

It is difficult, if not impossible, to d__________45) the l__________46) which r__________47) should i__________48) on the d__________49) for wealth; for there is no a__________50) or d__________51) amount of wealth which will s__________52) a man. The amount is always r__________53), that is to say, just so much as will m__________54) the p__________55) between what he wants and what he gets; for to m__________56) a man's happiness only by what he gets, and not also by what he e__________57) to get, is as p__________58) as to try and express a f__________59) which shall have a n__________60) but no d__________61). A man never feels the l__________62) of things which it never occurs to him to a__________63) for; he is just as happy w__________64) them; w__________65) another, who may have a hundred times as much, feels m__________66) because he has not got the one thing he w__________67). In fact, every man has a h__________68) of his o__________69), and he will expect as much as he thinks it is p__________70) for him to get.

22

All of the restaurants are using carefully c__________71) words to e__________72) v__________73) mental i__________74) of delicious food and rich desserts in order to d__________75) the p__________76) customer to their particular e__________77). Just like the restaurants, n__________78) has its own d__________79) establishments. In a f__________80) similar to the restaurants' financial d__________81) upon drawing in many c__________82), the restaurateurs of the natural world (i.e., flowers) must also a__________83) potential d__________84) to s__________85) their o__________86). In the natural world, there are no neon signs or f__________87) words in which to m__________88) a potential m__________89) to hungry animals. These restaurants that I am r__________90) to are the world's flowers, and the potential g__________91) are the h__________92) of organisms that v__________93) flowers to o__________94) nectar and other valuable r__________95). I__________96) of using a w__________97) language or neon sign, they a__________98) their offerings just as e__________99) using the l__________100) of s__________101).

23

Would you rather receive $1,000 in a year or $1,100 in a year and a month? Most people will o__________102) for the larger s__________103) in thirteen months — where else will you find a monthly i__________104) r__________105) of 10 percent. A w__________106) choice, since the interest will c__________107) you generously for any r__________108) you f__________109) by waiting the e__________110) few weeks. Second question: Would you prefer $1,000 today c__________111) on the table or $1,100 in a month? If you think like most people, you'll take the $1,000 r__________112) away. This is amazing. In both cases, if you h__________113) out for just a month l__________114), you get $100 m__________115). In the first case, it's simple enough. You f__________116): "I've already waited twelve months; what's one more?" Not in the second case. The i__________117) of "now" c__________118) us to make i__________119) decisions. Science calls this p__________120) *hyperbolic discounting*. The c__________121) a r__________122) is, the h__________123) our "e__________124) interest rate" r__________125) and the more we are willing to g__________126) up in e__________127) for it.

24

Of c__________128) importance for understanding the d__________129) of h__________130) is the a__________131) to the question of w__________132) in development it is actually d__________133) whether a child will be left-handed or right-handed. It was long thought that handedness could only be r__________134) determined in elementary school, when a child learns to w__________135). However, this a__________136) is i__________137). In fact, scientific studies show that left-handedness is e__________138) in many children long b__________139) elementary school — interestingly, even before b__________140) in most people. In such studies, the hand and arm m__________141) of u__________142) children in the w__________143) are recorded using u__________144) images. Using this technique, it was shown that a clear p__________145) for the movement of the right arm e__________146) as e__________147) as 10 weeks after f__________148). In this study, ultrasound images of 72 unborn children 10 weeks after fertilization were e__________149) and 85% showed m__________150) movements of the r__________151) arm than the l__________152). This n__________153) is already very c__________154) to the approximately 89.4% r__________155) among adults.

25

The graph above shows US dairy product i__________156) in selected countries from 2018 to 2020. A__________157) the four countries above, Mexico c__________158) recorded the highest imports of US dairy products from 2018 to 2020. However, US dairy product imports in Mexico d__________159) from 2019 to 2020, while the r__________160) was true in the other three countries during the same p__________161). In Indonesia, US dairy product imports in 2020 were more than twice t__________162) in 2018. The i__________163) in US dairy product imports in the Philippines from 2018 to 2019 was s__________164) than t__________165) in Indonesia in the same period. China was the o__________166) country where imports of US dairy products d__________167) between 2018 and 2019.

26

Filippo Brunelleschi is considered to be the f__________168) father of Renaissance architecture. He was born in Florence in 1377. Filippo was artistically t__________169), and t__________170) as a g__________171) and a clockmaker before becoming an a__________172) . When he was around 25, he traveled to Rome with his friend, the sculptor Donatello, where he studied the r__________173) of ancient Roman buildings. His first architectural c__________174) was the Ospedale degli Innocenti, which is one of the great Renaissance buildings. A number of other f__________175) works, including c__________176) in Florentine churches, s__________177) his r__________178). And the s__________179) dome of Il Duomo is his m__________180). He also designed m__________181) to produce special e__________182) in theatrical p__________183). He died in Florence and was b__________184) in Il Duomo.

27

Youth Leaders Camp

This camp is an a__________185) event to improve your l__________186).

We look forward to meeting you soon in Canada.

Dates: July 5 – 7, 2025

Ages: 17 – 19

Place: University of Drakemont

Programs

– Day 1: Team B__________187) & Leadership Skills Workshop

– Day 2: Culture Tour

– Day 3: Leadership Project Planning & Presentations

P__________188) Fee: $700

Notes

– Registration is only a__________189) online at www.ylc2025.com.

– Participation fee i__________190) everything e__________191) for the flight tickets to Canada.

For more information, please v__________192) our website.

28

Plogging Run

Jog, walk, p__________193) up trash, and c__________194) the Earth!

When: September 13, 2025

Where: Lake Union

Details

– The event starts at 11:00 a.m.

– There is no participation fee.

– You'll walk and run around the lake while picking up trash.

Notes

– Wear c__________195) athletic clothes and running shoes for your s__________196).

– Garbage bags will be p__________197).

– If it rains, the event will be cancelled.

If you have any questions, please email us at information@ploggingrun.org.

29

In art, there are a number of ways to use p__________198) to obtain the i__________199) of d__________200), including using colors and g__________201) v__________202) of black and white, and a__________203) drawing the subject by a__________204) the r__________205) of the g__________206) system of perspective. In order to a__________207) perspective, you must make a n__________208) of o__________209). The f__________210) or objects that you draw on a f__________211) surface actually have depth and d__________212) in r__________213) life. As you view them and p__________214) their s__________215) and forms on a drawing s__________216), try to r__________217) that depth to make the objects appear r__________218) and t__________219). Objects appear d__________220) when viewed from various p__________221). Because of this, it's important to e__________222) the v__________223), and s__________224) with it. When observing a s__________225), you see depth and three dimensions. When you draw this subject onto a flat surface as it a__________226) to the e__________227), you are drawing in perspective.

30

Low oil prices are a good thing, because it means lower energy c__________228) of p__________229) for the majority of i__________230), not least the a__________231) and the l__________232) industries. F__________233) directly b__________234) from the d__________235) in their costs of production and p__________236) of s__________237). This has the effect of s__________238) the a__________239) s__________240) and provides a s__________241) for g__________242). C__________243), a s__________244) rise in oil prices due to a s__________245) in oil production is n__________246) good news, even though it d__________247) gives a big b__________248) to the energy s__________249). A look through the history of oil price f__________250) proves this n__________251), as this has been the s__________252) of much economic research. F__________253) an oil price j__________254) of 10 per cent due to a c__________255) in supply, an economy (as t__________256) by the US economy) typically sees its o__________257) (GDP) s__________258) by close to 1 percentage point. For a $15 trillion economy, that is a l__________259) of $150 billion in p__________260) wealth or economic growth. Conversely, there has never been much c__________261) with oil price d__________262) following an e__________263) in its supply.

31

We might forget an a__________264) about a s__________265) because it makes few c__________266) with our e__________267) associations, but we won't f__________268) a piece of g__________269) about our cousin. There's one complex n__________270) that is larger and q__________271) to a__________272) than all others — the s__________273). We've been thinking about o__________274) in our whole lives. (In fact, there were entire years during junior high when we weren't c__________275) of thinking about much e__________276).) So if a new p__________277) of i__________278) has something to d__________279) with *u__________280)*, it will be more e__________281) and t__________282) p__________283). It hits even c__________284) to home than our a__________285) home — we can take a v__________286) away from our home, but not from *ourselves*. The most e__________287) communicators find ways to make the a__________288) p__________289). Consider the w__________290) that law schools give to m__________291) first-year law students c__________292) the r__________293) of their program. Hearing that "the first-year d__________294) rate is 33%" is an a__________295) statistic. "Look to your left, look to your right. One of the three of you won't be j__________296) us next fall" w__________297) up the s__________298).

32

Steve Jobs used a__________299) to g__________300) people to e__________301) the new t__________302). Before computers, people worked in a p__________303) world. We used p__________304) and p__________305) and physical file folders and so on. The idea of working in a v__________306) world was r__________307) different. Or at least *s_______308)* radically different. What Jobs understood was that a physical o__________309) was f__________310) similar to a virtual office. To w__________311) over the m__________312), Jobs d__________313) strong analogies between the t__________314) workplace people k__________315) well with the new, u__________316) virtual workplace. In the p__________317) workplace, when i__________318) were w__________319) on paper it was called . . . a d__________320). When those documents needed to be s__________321) they were p__________322) in . . . a folder. And those folders were k__________323) on . . . a d__________324). Documents, folders, and desktops are the t__________325) we use in our v__________326) work because Steve Jobs understood that using f__________327) terms would make the new technology e__________328) to understand. The p__________329) b__________330) the physical and virtual workplace now seem o__________331).

33

Turtle h__________332) have, it seems, e__________333) to c__________334) toward the light. For millions of years this was a highly r__________335) and effective s__________336) because the light on a d__________337) beach r__________338) the r__________339) of the moon and stars on the water's s__________340). F__________341) the lights led baby turtles back h__________342) to the sea. The p__________343) started when humans began building b__________344) homes and s__________345) hotels on the other s__________346) of the beach. Now after h__________347), turtles h__________348) for the b__________349)nearby lights were being g__________350) straight into t__________351). Are s__________352) sea turtles naturally i__________353)? Yes, in the m__________354) world. But there's a deeper t__________355). Turtles are b__________356) their d__________357) on simple c__________358) that were p__________359) rational for their a__________360); these days, however, their evolved decision-making m__________361) are being b__________362) by modern lights.

34

Sensory o__________363) are the only c__________364) of c__________365) between the b__________366) and the o__________367) world. Simply put, the brain is not d__________368) to s__________369) on its o__________370). For instance, an e__________371) brain would n__________372) sense light s__________373) on it n__________374) feel something t__________375) it. In fact, patients are often kept a__________376) during brain surgery, which can help a surgeon i__________377) specific r__________378) of the brain. The ancient Greek philosopher Aristotle recognized this c__________379) of the brain over 2,000 years ago when he said, "N__________380) is in the mind that does not p__________381) through the senses." This c__________382) can be seen clearly when volunteers are b__________383) and p__________384) in the warm water of a sensory d__________385) tank. They soon e__________386) visual, a__________387), and t__________388) (touch) h__________389), as well as i__________390) thought p__________391). From these experiments and others, it is a__________392) that we need constant i__________393) from our senses to c__________394) out f__________395) that give us p__________396) and i__________397).

35

The writer and zoologist Desmond Morris observed that our feet c_________398) exactly what we think and feel more h_________399) than any other p_________400) of our bodies. Why are the feet and legs such a__________401) r_________402) of our s_________403)? For millions of years, long before humans s_________404), our legs and feet r_________405) to environmental t_________406) (e.g., hot sand, ill-tempered lions) i_________407), without the n_________408) for c_________409) thought. Our l_________410) brains made s_________411) that our feet and legs reacted as needed by either c_________412) motion, r_________413) away, or k_________414) at a p_________415)threat. This survival r_________416), r_________417) from our ancestral h_________418), has s_________419) us well and c_________420) to do so t_________421). In fact, these age-old r_________422) are still so h_________423) in us that when we are p_________424) with something d_________425) or even d__________426), our feet and legs still react as they d_________427) in p_________428) times.

36

The t_________429) from an o_________430) culture, in which knowledge was h_________431) down through stories, songs, and a_________432), to a l_________433)one, b_________434) on t_________435) written word, was held b_________436) for centuries by the l_________437) of s_________438) writing m_________439). Stone and clay t_________440) were used, but they were p_________441) to f_________442) and were b_________443) and heavy to t_________444). Wood s_________445) from s_________446) and is s_________447) to d_________448). Wall paintings are s_________449) and s_________450) is l_________451). The i_________452) of paper, said to be one of the four g_________453) inventions of the Chinese, s_________454) these problems, but it wasn't u_________455) the Romans r_________456) the s_________457) with the c_________458) — or, as we c_________459) it now, the book — that the material r_________460) its f_________461) p_________462). That was two thousand years ago, and it is still a d_________463) form of the written w_________464). That paper, a much s_________465) material than either stone or wood, w_________466) out as the g_________467) of the written word is a r_________468) materials story.

37

A r_________469) for a conclusion is very u_________470) to c_________471) in a s_________472) claim. No m_________473) how we might s_________474) it in s_________475), it is, analytically, a complex i_________476) of many ideas and i_________477). The reason must be b_________478) down into a c_________479) of more p_________480) p_________481). For example, the c_________482) that 'university education should be free for all Australians' might be s_________483) by the reason that 'the economy benefits from a well-educated Australian p_________484)'. But is our a_________485) of the s_________486) clearly e_________487) in just one s_________488)? H_________489). The conclusion is about universities and free education, while the reason i_________490) some n_________491) ideas: e_________492) benefit and a well-educated population. While the l_________493) between these two ideas and the conclusion might seem o_________494), the p_________495) of r_________496) is to a_________497) assuming the 'obvious' by carefully w_________498) t_________499) the c_________500) between the v_________501) ideas in the i_________502) statement of our reason.

38

The word "migration" is almost always r__________503) in the popular m__________504) and even in scientific l__________505) as a problem or a c__________506). For example, m__________507) are assumed to o__________508) cities, c__________509) up labor m__________510), and increase p__________511). The other q__________512) assumption is that most migration is i__________513) — people f__________514) natural or man-made d__________515). The r__________516), however, is more complex, and many migrants are simply s__________517) greater economic o__________518). Of course migration can and does create s__________519) and e__________520) problems. But migration can also be a s__________521) for many p__________522) problems. For example, o__________523) generally r__________524) workers from places of labor s__________525) to areas where there is greater d__________526) or more opportunity. Migration is generally s__________527) of persons who are younger, healthier, more f__________528), and more willing to e__________529) h__________530) in hopes of a b__________531) life r__________532) to their p__________533) in their places of o__________534). Most research that examines l__________535) o__________536) of migration, including r__________537) and intergenerational m__________538), finds p__________539) "long-term" effects on places of origin and d__________540).

39

The big problem with money created by the government is that those who r__________541) the government always f__________542) the t__________543) to c__________544) more money and s__________545) it. Whether among ancient kings or modern p__________546), this has happened again and again over the c__________547), leading to i__________548) and the many economic and social problems that f__________549) from inflation. For this reason, many countries have p__________550) using gold, silver, or some other m__________551) that is i__________552) l__________553) in s__________554), as m__________555). It is a way of d__________556) governments of the p__________557) to e__________558) the money supply to i__________559) l__________560). Gold has long been considered i__________561) for this p__________562), since the supply of gold in the world usually cannot be i__________563) r__________564). When p__________565) money is c__________566) into gold w__________567) the individual c__________568) to do so, then the money is said to be "b__________569) up" by gold. This expression is m__________570) only if we imagine that the v__________571) of the gold is somehow t__________572) to the paper money, when in f__________573) the real point is that the gold simply l__________574) the a__________575) of paper money that can be i__________576).

40

The study of emotions and decision making is now of c__________577) importance. This involves the a__________578) of various tools a__________579) by neuroscience. One important s__________580) of the l__________581) examines people with brain damage and how damage to p__________582) parts of the brain known to be r__________583) for particular c__________584) f__________585) impacts on decision making. One example of this research is the work of Antonio Damasio, who finds that when the e__________586) part of the brain is d__________587), this actually r__________588) the e__________589) of decision making. G__________590) decisions are a p__________591) of the emotional part of the brain w__________592) in c__________593) with the d__________594) part. This c__________595) the assumptions of c__________596) economics, where emotions play a n__________597) role in the decision-making p__________598). Here it is assumed that decision making can be modeled as being g__________599) in a s__________600), unemotional f__________601), and that's why decisions tend to be o__________602). But the evidence suggests that emotions a__________603) play an important and, often, a p__________604) role in decision making.

41~42

Shoppers c__________605) with the choice of thirty different v__________606) of gourmet chocolates are more likely to w__________607) away without buying a__________608), c__________609) with when they are p__________610) with only half a dozen choices. If employees are g__________611) a free trip to Paris, they are happy. If you give them a free trip to Hawaii, they are happy. But if you o__________612) them the choice b__________613) the two d__________614), they are l__________615) happy, no matter what they c__________616). Why might choice be so d__________617)? The reason is that choice f__________618) us to make c__________619) and a__________620) r__________621) disadvantages. People who choose Paris c__________622) that it doesn't have the ocean and those who choose Hawaii r__________623) that it doesn't have the museums. Psychologist Barry Schwartz calls this the 't__________624) of choice' because rather than providing f__________625), it actually c__________626) our decision-making. He argues that w__________627) choice increases u__________628) because we w__________629) that we are going to make the w__________630) decision and so we get s__________631) about trying to p__________632) all the comparisons in an effort to get it right. This both increases our f__________633) of making the wrong choice and raises e__________634) that we should be able to get the b__________635) choice. H__________636) made the choice, we then start to regret, w__________637) whether it was the r__________638) one.

43~45

As the train p__________639) into a quiet c__________640) station, the gentle chatter of passengers f__________641) the air. Linda was excited to finally visit her grandparents after two years. She watched people getting onto the train and hurriedly finding their seats. A moment later, an elderly woman s__________642) with a heavy bag, trying to sit down next to her. The bag seemed almost too big for her small body. Linda h__________643), u__________644) if the elderly woman would want her h__________645). But soon, she chose to a__________646) the woman. "Let me help you with your bag," she said. Before she could r__________647) the bag, the elderly woman suddenly l__________648) her b__________649) and fell down. She l__________650) on her back, and her face was p__________651). Linda froze for a moment, feeling the u__________652) of the situation. She quickly k__________653) down b__________654) the fallen woman, as a few people r__________655) over. Linda carefully t__________656) the elderly woman's shoulder to check if she was a__________657). The woman groaned softly, trying to g__________658) her strength. Linda moved closer, s__________659) a hand under the woman's back. As the woman's eyes slowly opened, she r__________660) her softly, "It's okay, just relax for a moment." Linda helped the woman sit up slowly, then g__________661) her back to her seat. As the situation s__________662), people around went back to their seats. As the elderly woman finally c__________663) down, she looked at Linda with a smile. "I'm so sorry," she said. "I have low blood pressure, and the s__________664) movement of the train must have made me feel d__________665). Thank you so much for helping me." Linda nodded gently in r__________666), then turned her g__________667) back to the peaceful countryside scene. She thought that no matter how unsure she might feel, even the s__________668) act of help is much better for someone in n__________669) than doing n__________670).

2025 고2 6월 모의고사

❶ voca ❷ text ❸ [/] ❹ _____ ❺ quiz 1 ❻ quiz 2 ❼ quiz 3 ❽ quiz 4 ❾ quiz 5

1. 글의 흐름으로 보아, 주어진 문장이 들어가기에 가장 적절한 곳은?

> We want to express our gratitude for your dedication as a Spanish instructor.

Dear Ms. Lopez,
(①) With exceptional teaching skills, you have significantly improved our students' progress and confidence in Spanish. (②)As the year is about to end, it is time for us to reflect on your contributions and consider the renewal of your contract. (③) Given your positive impact, we would like to offer an extension of your contract for the next academic year. (④)We believe
your continued involvement will further enhance our students' learning experience and academic achievement. We look forward to your response. (⑤)
Sincerely,
James Martin
Principal

2. 글의 흐름으로 보아, 주어진 문장이 들어가기에 가장 적절한 곳은?

> After the doctor gave her a shot, her fever went down and she seemed more comfortable.

(①) Peter stepped out of the freezing night air and into the brightly lit hospital lobby, holding his three-year-old daughter in his arms. (②) The harsh light made her look even more unwell, her face all red and sweaty. (③) Her fever had started suddenly, just before dinner, but it wouldn't go down despite his efforts. (④) At the front desk, he explained her symptoms, his concern growing with every moment. They were quickly led to the doctor, who reassured him and carefully examined his daughter. (⑤) As Peter watched her sleep peacefully that night, he felt a wave of calm wash over him.

3. 글의 흐름으로 보아, 주어진 문장이 들어가기에 가장 적절한 곳은?

> Leaders need to be careful not to build walls around themselves that prevent people from reaching out to them.

(①) Imagine you have the best tea in the world and you put it into a bag that's impermeable. (②) It won't work. (③) You just won't be able to make a cup of tea. For the teabag to work, it needs to be porous. You need the tea and the water to come in contact with each other. In our lives too, we cannot survive and thrive in isolation. (④) As a leader, you need to be able to touch other people. The tea was meant to mix with the water. (⑤) Similarly all of us were designed to work with other people, with teams, and with society at large.

4. 글의 흐름으로 보아, 주어진 문장이 들어가기에 가장 적절한 곳은?

> In fact, every man has a horizon of his own, and he will expect as much as he thinks it is possible for him to get.

(①) It is difficult, if not impossible, to define the limits which reason should impose on the desire for wealth; for there is no absolute or definite amount of wealth which will satisfy a man. (②) The amount is always relative, that is to say, just so much as will maintain the proportion between what he wants and what he gets; (③) for to measure a man's happiness only by what he gets, and not also by what he expects to get, is as pointless as to try and express a fraction which shall have a numerator but no denominator. (④) A man never feels the loss of things which it never occurs to him to ask for; he is just as happy without them; whilst another, who may have a hundred times as much, feels miserable because he has not got the one thing he wants. (⑤)

5. 글의 흐름으로 보아, 주어진 문장이 들어가기에 가장 적절한 곳은?

These restaurants that I am referring to are the world's flowers, and the potential guests are the host of organisms that visit flowers to obtain nectar and other valuable resources.

(①) All of the restaurants are using carefully chosen words to evoke vivid mental images of delicious food and rich desserts in order to draw the potential customer to their particular establishment. (②) Just like the restaurants, nature has its own dining establishments. (③) In a fashion similar to the restaurants' financial dependence upon drawing in many customers, the restaurateurs of the natural world (i.e., flowers) must also attract potential diners to sample their offerings. (④) In the natural world, there are no neon signs or flashy words in which to market a potential meal to hungry animals. (⑤) Instead of using a written language or neon sign, they advertise their offerings just as effectively using the language of smell.

6. 글의 흐름으로 보아, 주어진 문장이 들어가기에 가장 적절한 곳은?

In both cases, if you hold out for just a month longer, you get $100 more.

(①) Would you rather receive $1,000 in a year or $1,100 in a year and a month? (②) Most people will opt for the larger sum in thirteen months — where else will you find a monthly interest rate of 10 percent. (③) A wise choice, since the interest will compensate you generously for any risks you face by waiting the extra few weeks. (④) Second question: Would you prefer $1,000 today cash on the table or $1,100 in a month? If you think like most people, you'll take the $1,000 right away. This is amazing. (⑤) In the first case, it's simple enough. You figure: "I've already waited twelve months; what's one more?" Not in the second case. The introduction of "now" causes us to make inconsistent decisions. Science calls this phenomenon hyperbolic discounting. The closer a reward is, the higher our "emotional interest rate" rises and the more we are willing to give up in exchange for it.

7. 글의 흐름으로 보아, 주어진 문장이 들어가기에 가장 적절한 곳은?

In fact, scientific studies show that left-handedness is established in many children long before elementary school — interestingly, even before birth in most people.

(①) Of central importance for understanding the development of handedness is the answer to the question of when in development it is actually determined whether a child will be left-handed or right-handed. (②) It was long thought that handedness could only be reliably determined in elementary school, when a child learns to write. However, this assumption is incorrect. (③) In such studies, the hand and arm movements of unborn children in the womb are recorded using ultrasound images. (④) Using this technique, it was shown that a clear preference for the movement of the right arm exists as early as 10 weeks after fertilization. In this study, ultrasound images of 72 unborn children 10 weeks after fertilization were evaluated and 85% showed more movements of the right arm than the left. (⑤) This number is already very close to the approximately 89.4% right-handers among adults.

8. 글의 흐름으로 보아, 주어진 문장이 들어가기에 가장 적절한 곳은?

A number of other fine works, including chapels in Florentine churches, strengthened his reputation.

(①) Filippo Brunelleschi is considered to be the founding father of Renaissance architecture. He was born in Florence in 1377. (②) Filippo was artistically talented, and trained as a goldsmith and a clockmaker before becoming an architect. When he was around 25, he traveled to Rome with his friend, the sculptor Donatello, where he studied the remains of ancient Roman buildings. (③) His first architectural commission was the Ospedale degli Innocenti, which is one of the great Renaissance buildings. (④) And the stunning dome of Il Duomo is his masterpiece. He also designed machinery to produce special effects in theatrical productions. (⑤) He died in Florence and was buried in Il Duomo.

9. 글의 흐름으로 보아, 주어진 문장이 들어가기에 가장 적절한 곳은?

> Because of this, it's important to establish the viewpoint, and stick with it.

(①) In art, there are a number of ways to use perspective to obtain the illusion of depth, including using colors and graduated values of black and white, and accurately drawing the subject by applying the rules of the geometric system of perspective. (②) In order to achieve perspective, you must make a number of observations. (③) The forms or objects that you draw on a flat surface actually have depth and dimension in real life. (④) As you view them and place their shapes and forms on a drawing surface, try to represent that depth to make the objects appear realistic and three-dimensional. Objects appear differently when viewed from various positions. (⑤) When observing a subject, you see depth and three dimensions. When you draw this subject onto a flat surface as it appears to the eye, you are drawing in perspective.

10. 글의 흐름으로 보아, 주어진 문장이 들어가기에 가장 적절한 곳은?

> Conversely, there has never been much concern with oil price decreases following an excess in its supply.

(①) Low oil prices are a good thing, because it means lower energy costs of production for the majority of industries, not least the automobile and the logistics industries. (②) Firms directly benefit from the decrease in their costs of production and provision of services. This has the effect of stimulating the aggregate supply and provides a stimulus for growth. (③) Conversely, a sudden rise in oil prices due to a shrink in oil production is never good news, even though it definitely gives a big boost to the energy sector. (④) A look through the history of oil price fluctuations verifies this notion, as this has been the subject of much economic research. Following an oil price jump of 10 per cent due to a contraction in supply, an economy (as typified by the US economy) typically sees its output (GDP) slowed by close to 1 percentage point. For a $15 trillion economy, that is a loss of $150 billion in potential wealth or economic growth. (⑤)

11. 글의 흐름으로 보아, 주어진 문장이 들어가기에 가장 적절한 곳은?

> We might forget an anecdote about a stranger because it makes few connections with our existing associations, but we won't forget a piece of gossip about our cousin.

(①) There's one complex network that is larger and quicker to access than all others — the self. We've been thinking about ourselves in our whole lives. (In fact, there were entire years during junior high when we weren't capable of thinking about much else.) (②) So if a new piece of information has something to do with *us*, it will be more easily and thoroughly processed. It hits even closer to home than our actual home — we can take a vacation away from our home, but not from *ourselves*. (③) The most effective communicators find ways to make the abstract personal. Consider the warning that law schools give to motivate first-year law students concerning the rigors of their program. (④) Hearing that "the first-ear dropout rate is 33%" is an abstract statistic. "Look to your left, look to your right. (⑤) One of the three of you won't be joining us next fall" wakes up the self.

12. 글의 흐름으로 보아, 주어진 문장이 들어가기에 가장 적절한 곳은?

> Documents, folders, and desktops are the terms we use in our virtual work because Steve Jobs understood that using familiar terms would make the new technology easier to understand.

(①) Steve Jobs used analogy to get people to embrace the new technology. (②) Before computers, people worked in a physical world. We used paper and pens and physical file folders and so on. The idea of working in a virtual world was radically different. (③) Or at least seemed radically different. What Jobs understood was that a physical office was fundamentally similar to a virtual office. To win over the masses, Jobs drew strong analogies between the traditional workplace people knew well with the new, unfamiliar virtual workplace. In the pre-computer workplace, when ideas were written on paper it was called . . . a document. (④) When those documents needed to be stored they were put in . . . a folder. And those folders were kept on . . . a desk. (⑤) The parallels between the physical and virtual workplace now seem obvious.

13. 글의 흐름으로 보아, 주어진 문장이 들어가기에 가장 적절한 곳은?

> he problems started when humans began building beachfront homes and sparkling hotels on the other side of the beach.

(①) Turtle hatchlings have, it seems, evolved to crawl toward the light. (②) For millions of years this was a highly rational and effective strategy because the light on a dark beach represented the reflection of the moon and stars on the water's surface. (③) Following the lights led baby turtles back home to the sea. (④) Now after hatching, turtles heading for the brightest nearby lights were being guided straight into traffic. Are self-destructive sea turtles naturally irrational? Yes, in the modern world. But there's a deeper truth. (⑤) Turtles are basing their decisions on simple cues that were perfectly rational for their ancestors; these days, however, their evolved decision-making mechanisms are being blinded by modern lights.

14. 글의 흐름으로 보아, 주어진 문장이 들어가기에 가장 적절한 곳은?

> Simply put, the brain is not designed to sense on its own.

(①) Sensory organs are the only channels of communication between the brain and the outside world. (②) For instance, an exposed brain would neither sense light shining on it nor feel something touching it. In fact, patients are often kept awake during brain surgery, which can help a surgeon isolate specific regions of the brain. (③) The ancient Greek philosopher Aristotle recognized this characteristic of the brain over 2,000 years ago when he said, "Nothing is in the mind that does not pass through the senses." This concept can be seen clearly when volunteers are blind-folded and placed in the warm water of a sensory deprivation tank.(④) They soon experience visual, auditory, and tactile (touch) hallucinations, as well as incoherent thought patterns. From these experiments and others, it is apparent that we need constant input from our senses to carry out functions that give us personality and intellect. (⑤)

15. 글의 흐름으로 보아, 주어진 문장이 들어가기에 가장 적절한 곳은?

> In fact, these age-old reactions are still so hardwired in us that when we are presented with something dangerous or even disagreeable, our feet and legs still react as they did in prehistoric times.

(①) The writer and zoologist Desmond Morris observed that our feet communicate exactly what we think and feel more honestly than any other part of our bodies. (②) Why are the feet and legs such accurate reflectors of our sentiments? (③) For millions of years, long before humans spoke, our legs and feet reacted to environmental threats (e.g., hot sand, ill-tempered lions) instantaneously, without the need for conscious thought. Our limbic brains made sure that our feet and legs reacted as needed by either ceasing motion, running away, or kicking at a potential threat. (④) This survival regimen, retained from our ancestral heritage, has served us well and continues to do so today. (⑤)

16. 글의 흐름으로 보아, 주어진 문장이 들어가기에 가장 적절한 곳은?

> The invention of paper, said to be one of the four great inventions of the Chinese, solved these problems, but it wasn't until the Romans replaced the scroll with the codex — or, as we call it now, the book — that the material reached its full potential.

(①) The transition from an oral culture, in which knowledge was handed down through stories, songs, and apprenticeships, to a literate one, based on the written word, was held back for centuries by the lack of suitable writing material. (②) Stone and clay tablets were used, but they were prone to fracture and were bulky and heavy to transport. Wood suffers from splitting and is susceptible to decay. (③) Wall paintings are static and space is limited. (④) That was two thousand years ago, and it is still a dominant form of the written word. (⑤) That paper, a much softer material than either stone or wood, won out as the guardian of the written word is a remarkable materials story.

17. 글의 흐름으로 보아, 주어진 문장이 들어가기에 가장 적절한 곳은?

> While the link between these two ideas and the conclusion might seem obvious, the purpose of reasoning is to avoid assuming the 'obvious' by carefully working through the connections between the various ideas in the initial statement of our reason.

(①) A reason for a conclusion is very unlikely to consist in a single claim. (②) No matter how we might state it in short-hand, it is, analytically, a complex interaction of many ideas and implications. (③) The reason must be broken down into a chain of more precise premises. For example, the claim that 'university education should be free for all Australians' might be supported by the reason that 'the economy benefits from a well-educated Australian population'. (④) But is our analysis of the situation clearly expressed in just one statement? Hardly. The conclusion is about universities and free education, while the reason introduces some new ideas: economic benefit and a well-educated population. (⑤)

18. 글의 흐름으로 보아, 주어진 문장이 들어가기에 가장 적절한 곳은?

> The reality, however, is more complex, and many migrants are simply seeking greater economic opportunity.

(①) The word "migration" is almost always reported in the popular media and even in scientific literature as a problem or a crisis. (②) For example, migrants are assumed to overcrowd cities, clog up labor markets, and increase poverty. The other questionable assumption is that most migration is involuntary — people fleeing natural or man-made disasters. (③) Of course migration can and does create social and economic problems. But migration can also be a solution for many preexisting problems. (④) For example, out-migration generally redistributes workers from places of labor surplus to areas where there is greater demand or more opportunity. Migration is generally selective of persons who are younger, healthier, more flexible, and more willing to endure hardship in hopes of a better life relative to their prospects in their places of origin. (⑤) Most research that examines long-term outcomes of migration, including remittances and intergenerational mobility, finds positive "long-term" effects on places of origin and destination.

19. 글의 흐름으로 보아, 주어진 문장이 들어가기에 가장 적절한 곳은?

Whether among ancient kings or modern politicians, this has happened again and again over the centuries, leading to inflation and the many economic and social problems that follow from inflation.

(①) The big problem with money created by the government is that those who run the government always face the temptation to create more money and spend it. (②) For this reason, many countries have preferred using gold, silver, or some other material that is inherently limited in supply, as money. It is a way of depriving governments of the power to expand the money supply to inflationary levels. (③) Gold has long been considered ideal for this purpose, since the supply of gold in the world usually cannot be increased rapidly. When paper money is convertible into gold whenever the individual chooses to do so, then the money is said to be "backed up" by gold. (④) This expression is misleading only if we imagine that the value of the gold is somehow transferred to the paper money, when in fact the real point is that the gold simply limits the amount of paper money that can be issued. (⑤)

20. 글의 흐름으로 보아, 주어진 문장이 들어가기에 가장 적절한 곳은?

Here it is assumed that decision making can be modeled as being generated in a stoic, unemotional fashion, and that's why decisions tend to be optimal.

(①) The study of emotions and decision making is now of considerable importance. (②) This involves the application of various tools afforded by neuroscience. One important stream of the literature examines people with brain damage and how damage to particular parts of the brain known to be responsible for particular cognitive functions impacts on decision making. (③) One example of this research is the work of Antonio Damasio, who finds that when the emotional part of the brain is damaged, this actually reduces the efficacy of decision making. Good decisions are a product of the emotional part of the brain working in conjunction with the deliberative part. (④) This contradicts the assumptions of conventional economics, where emotions play a negative role in the decision-making process. (⑤) But the evidence suggests that emotions actually play an important and, often, a positive role in decision making.

21. 글의 흐름으로 보아, 주어진 문장이 들어가기에 가장 적절한 곳은?

> But if you offer them the choice between the two destinations, they are less happy, no matter what they choose.

(①) Shoppers confronted with the choice of thirty different varieties of gourmet chocolates are more likely to walk away without buying any, compared with when they are presented with only half a dozen choices. (②) If employees are given a free trip to Paris, they are happy. If you give them a free trip to Hawaii, they are happy. (③) Why might choice be so disruptive? The reason is that choice forces us to make comparisons and acknowledge relative disadvantages. People who choose Paris complain that it doesn't have the ocean and those who choose Hawaii regret that it doesn't have the museums. (④) Psychologist Barry Schwartz calls this the 'tyranny of choice' because rather than providing freedom, it actually constrains our decision-making. He argues that wider choice increases unhappiness because we worry that we are going to make the wrong decision and so we get stressed about trying to process all the comparisons in an effort to get it right. (⑤) This both increases our fear of making the wrong choice and raises expectations that we should be able to get the best choice. Having made the choice, we then start to regret, wondering whether it was the right one.

22. 글의 흐름으로 보아, 주어진 문장이 들어가기에 가장 적절한 곳은?

> Linda hesitated, unsure if the elderly woman would want her help.

(①) As the train pulled into a quiet countryside station, the gentle chatter of passengers filled the air. (②) Linda was excited to finally visit her grandparents after two years. She watched people getting onto the train and hurriedly finding their seats. A moment later, an elderly woman struggled with a heavy bag, trying to sit down next to her. The bag seemed almost too big for her small body. (③) But soon, she chose to assist the woman. "Let me help you with your bag," she said. Before she could reach the bag, the elderly woman suddenly lost her balance and fell down. She lay on her back, and her face was pale. Linda froze for a moment, feeling the urgency of the situation. She quickly knelt down beside the fallen woman, as a few people rushed over. Linda carefully tapped the elderly woman's shoulder to check if she was alright. The woman groaned softly, trying to gather her strength. Linda moved closer, sliding a hand under the woman's back. (④) As the woman's eyes slowly opened, she reassured her softly, "It's okay, just relax for a moment." Linda helped the woman sit up slowly, then guided her back to her seat. As the situation settled, people around went back to their seats. As the elderly woman finally calmed down, she looked at Linda with a smile. "I'm so sorry," she said. "I have low blood pressure, and the sudden movement of the train must have made me feel dizzy. Thank you so much for helping me." Linda nodded gently in response, then turned her gaze back to the peaceful countryside scene. (⑤) She thought that no matter how unsure she might feel, even the smallest act of help is much better for someone in need than doing nothing.

2025 고2 6월 모의고사

❶ voca　　❷ text　　❸ [/]　　❹ _____　　❺ quiz 1　　❻ quiz 2　　❼ quiz 3　　❽ quiz 4　　❾ quiz 5

1. 다음 주어진 문장 다음에 이어질 글의 순서로 가장 적절한 것은?

Dear Ms. Lopez, We want to express our gratitude for your dedication as a Spanish instructor.

(A) As the year is about to end, it is time for us to reflect on your contributions and consider the renewal of your contract. Given your positive impact, we would like to offer an extension of your contract for the next academic year.
(B) With exceptional teaching skills, you have significantly improved our students' progress and confidence in Spanish.
(C) We believe your continued involvement will further enhance our students' learning experience and academic achievement. We look forward to your response.

Sincerely,
James Martin
Principal

2. 다음 주어진 문장 다음에 이어질 글의 순서로 가장 적절한 것은?

Peter stepped out of the freezing night air and into the brightly lit hospital lobby, holding his three-year-old daughter in his arms.

(A) At the front desk, he explained her symptoms, his concern growing with every moment. They were quickly led to the doctor, who reassured him and carefully examined his daughter.
(B) After the doctor gave her a shot, her fever went down and she seemed more comfortable. As Peter watched her sleep peacefully that night, he felt a wave of calm wash over him.
(C) The harsh light made her look even more unwell, her face all red and sweaty. Her fever had started suddenly, just before dinner, but it wouldn't go down despite his efforts.

3. 다음 주어진 문장 다음에 이어질 글의 순서로 가장 적절한 것은?

Imagine you have the best tea in the world and you put it into a bag that's impermeable.

(A) In our lives too, we cannot survive and thrive in isolation. Leaders need to be careful not to build walls around themselves that prevent people from reaching out to them.
(B) As a leader, you need to be able to touch other people. The tea was meant to mix with the water. Similarly all of us were designed to work with other people, with teams, and with society at large.
(C) It won't work. You just won't be able to make a cup of tea. For the teabag to work, it needs to be porous. You need the tea and the water to come in contact with each other.

4. 다음 주어진 문장 다음에 이어질 글의 순서로 가장 적절한 것은?

It is difficult, if not impossible, to define the limits which reason should impose on the desire for wealth; for there is no absolute or definite amount of wealth which will satisfy a man.

(A) The amount is always relative, that is to say, just so much as will maintain the proportion between what he wants and what he gets; for to measure a man's happiness only by what he gets, and not also by what he expects to get, is as pointless as to try and express a fraction which shall have a numerator but no denominator.
(B) In fact, every man has a horizon of his own, and he will expect as much as he thinks it is possible for him to get.
(C) A man never feels the loss of things which it never occurs to him to ask for; he is just as happy without them; whilst another, who may have a hundred times as much, feels miserable because he has not got the one thing he wants.

5. 다음 주어진 문장 다음에 이어질 글의 순서로 가장 적절한 것은?

All of the restaurants are using carefully chosen words to evoke vivid mental images of delicious food and rich desserts in order to draw the potential customer to their particular establishment.

(A) In the natural world, there are no neon signs or flashy words in which to market a potential meal to hungry animals.

(B) These restaurants that I am referring to are the world's flowers, and the potential guests are the host of organisms that visit flowers to obtain nectar and other valuable resources. Instead of using a written language or neon sign, they advertise their offerings just as effectively using the language of smell.

(C) Just like the restaurants, nature has its own dining establishments. In a fashion similar to the restaurants' financial dependence upon drawing in many customers, the restaurateurs of the natural world (i.e., flowers) must also attract potential diners to sample their offerings.

6. 다음 주어진 문장 다음에 이어질 글의 순서로 가장 적절한 것은?

Would you rather receive $1,000 in a year or $1,100 in a year and a month?

(A) Most people will opt for the larger sum in thirteen months – where else will you find a monthly interest rate of 10 percent.

(B) You figure: "I've already waited twelve months; what's one more?" Not in the second case. The introduction of "now" causes us to make inconsistent decisions. Science calls this phenomenon hyperbolic discounting. The closer a reward is, the higher our "emotional interest rate" rises and the more we are willing to give up in exchange for it.

(C) A wise choice, since the interest will compensate you generously for any risks you face by waiting the extra few weeks. Second question: Would you prefer $1,000 today cash on the table or $1,100 in a month? If you think like most people, you'll take the $1,000 right away. This is amazing. In both cases, if you hold out for just a month longer, you get $100 more. In the first case, it's simple enough.

7. 다음 주어진 문장 다음에 이어질 글의 순서로 가장 적절한 것은?

Of central importance for understanding the development of handedness is the answer to the question of when in development it is actually determined whether a child will be left-handed or right-handed.

(A) In this study, ultrasound images of 72 unborn children 10 weeks after fertilization were evaluated and 85% showed more movements of the right arm than the left. This number is already very close to the approximately 89.4% right-handers among adults.

(B) Using this technique, it was shown that a clear preference for the movement of the right arm exists as early as 10 weeks after fertilization.

(C) It was long thought that handedness could only be reliably determined in elementary school, when a child learns to write. However, this assumption is incorrect. In fact, scientific studies show that left-handedness is established in many children long before elementary school interestingly, even before birth in most people. In such studies, the hand and arm movements of unborn children in the womb are recorded using ultrasound images.

8. 다음 주어진 문장 다음에 이어질 글의 순서로 가장 적절한 것은?

Filippo Brunelleschi is considered to be the founding father of Renaissance architecture.

(A) He was born in Florence in 1377. Filippo was artistically talented, and trained as a goldsmith and a clockmaker before becoming an architect.

(B) A number of other fine works, including chapels in Florentine churches, strengthened his reputation. And the stunning dome of Il Duomo is his masterpiece. He also designed machinery to produce special effects in theatrical productions. He died in Florence and was buried in Il Duomo.

(C) When he was around 25, he traveled to Rome with his friend, the sculptor Donatello, where he studied the remains of ancient Roman buildings. His first architectural commission was the Ospedale degli Innocenti, which is one of the great Renaissance buildings.

9. 다음 주어진 문장 다음에 이어질 글의 순서로 가장 적절한 것은?

In art, there are a number of ways to use perspective to obtain the illusion of depth, including using colors and graduated values of black and white, and accurately drawing the subject by applying the rules of the geometric system of perspective.

(A) As you view them and place their shapes and forms on a drawing surface, try to represent that depth to make the objects appear realistic and three-dimensional. Objects appear differently when viewed from various positions.

(B) Because of this, it's important to establish the viewpoint, and stick with it. When observing a subject, you see depth and three dimensions. When you draw this subject onto a flat surface as it appears to the eye, you are drawing in perspective.

(C) In order to achieve perspective, you must make a number of observations. The forms or objects that you draw on a flat surface actually have depth and dimension in real life.

10. 다음 주어진 문장 다음에 이어질 글의 순서로 가장 적절한 것은?

Low oil prices are a good thing, because it means lower energy costs of production for the majority of industries, not least the automobile and the logistics industries.

(A) Conversely, a sudden rise in oil prices due to a shrink in oil production is never good news, even though it definitely gives a big boost to the energy sector. A look through the history of oil price fluctuations verifies this notion, as this has been the subject of much economic research.

(B) Firms directly benefit from the decrease in their costs of production and provision of services. This has the effect of stimulating the aggregate supply and provides a stimulus for growth.

(C) Following an oil price jump of 10 per cent due to a contraction in supply, an economy (as typified by the US economy) typically sees its output (GDP) slowed by close to 1 percentage point. For a $15 trillion economy, that is a loss of $150 billion in potential wealth or economic growth. Conversely, there has never been much concern with oil price decreases following an excess in its supply.

11. 다음 주어진 문장 다음에 이어질 글의 순서로 가장 적절한 것은?

We might forget an anecdote about a stranger because it makes few connections with our existing associations, but we won't forget a piece of gossip about our cousin.

(A) There's one complex network that is larger and quicker to access than all others – the self. We've been thinking about ourselves in our whole lives. (In fact, there were entire years during junior high when we weren't capable of thinking about much else.)

(B) Consider the warning that law schools give to motivate first-year law students concerning the rigors of their program. Hearing that "the first-year dropout rate is 33%" is an abstract statistic. "Look to your left, look to your right. One of the three of you won't be joining us next fall" wakes up the self.

(C) So if a new piece of information has something to do with us, it will be more easily and thoroughly processed. It hits even closer to home than our actual home – we can take a vacation away from our home, but not from ourselves. The most effective communicators find ways to make the abstract personal.

12. 다음 주어진 문장 다음에 이어질 글의 순서로 가장 적절한 것은?

Steve Jobs used analogy to get people to embrace the new technology.

(A) And those folders were kept on . . . a desk. Documents, folders, and desktops are the terms we use in our virtual work because Steve Jobs understood that using familiar terms would make the new technology easier to understand. The parallels between the physical and virtual workplace now seem obvious.

(B) Before computers, people worked in a physical world. We used paper and pens and physical file folders and so on. The idea of working in a virtual world was radically different. Or at least seemed radically different.

(C) What Jobs understood was that a physical office was fundamentally similar to a virtual office. To win over the masses, Jobs drew strong analogies between the traditional workplace people knew well with the new, unfamiliar virtual workplace. In the pre-computer workplace, when ideas were written on paper it was called . . . a document. When those documents needed to be stored they were put in . . . a folder.

13. 다음 주어진 문장 다음에 이어질 글의 순서로 가장 적절한 것은?

Turtle hatchlings have, it seems, evolved to crawl toward the light.

(A) Are self-destructive sea turtles naturally irrational? Yes, in the modern world. But there's a deeper truth. Turtles are basing their decisions on simple cues that were perfectly rational for their ancestors; these days, however, their evolved decision-making mechanisms are being blinded by modern lights.

(B) The problems started when humans began building beachfront homes and sparkling hotels on the other side of the beach. Now after hatching, turtles heading for the brightest nearby lights were being guided straight into traffic.

(C) For millions of years this was a highly rational and effective strategy because the light on a dark beach represented the reflection of the moon and stars on the water's surface. Following the lights led baby turtles back home to the sea.

14. 다음 주어진 문장 다음에 이어질 글의 순서로 가장 적절한 것은?

> Sensory organs are the only channels of communication between the brain and the outside world.

(A) Simply put, the brain is not designed to sense on its own. For instance, an exposed brain would neither sense light shining on it nor feel something touching it. In fact, patients are often kept awake during brain surgery, which can help a surgeon isolate specific regions of the brain.

(B) They soon experience visual, auditory, and tactile (touch) hallucinations, as well as incoherent thought patterns. From these experiments and others, it is apparent that we need constant input from our senses to carry out functions that give us personality and intellect.

(C) The ancient Greek philosopher Aristotle recognized this characteristic of the brain over 2,000 years ago when he said, "Nothing is in the mind that does not pass through the senses." This concept can be seen clearly when volunteers are blind-folded and placed in the warm water of a sensory deprivation tank.

15. 다음 주어진 문장 다음에 이어질 글의 순서로 가장 적절한 것은?

> The writer and zoologist Desmond Morris observed that our feet communicate exactly what we think and feel more honestly than any other part of our bodies.

(A) Our limbic brains made sure that our feet and legs reacted as needed by either ceasing motion, running away, or kicking at a potential threat. This survival regimen, retained from our ancestral heritage, has served us well and continues to do so today.

(B) Why are the feet and legs such accurate reflectors of our sentiments? For millions of years, long before humans spoke, our legs and feet reacted to environmental threats (e.g., hot sand, ill-tempered lions) instantaneously, without the need for conscious thought.

(C) In fact, these age-old reactions are still so hardwired in us that when we are presented with something dangerous or even disagreeable, our feet and legs still react as they did in prehistoric times.

16. 다음 주어진 문장 다음에 이어질 글의 순서로 가장 적절한 것은?

> The transition from an oral culture, in which knowledge was handed down through stories, songs, and apprenticeships, to a literate one, based on the written word, was held back for centuries by the lack of suitable writing material.

(A) Stone and clay tablets were used, but they were prone to fracture and were bulky and heavy to transport. Wood suffers from splitting and is susceptible to decay.

(B) That was two thousand years ago, and it is still a dominant form of the written word. That paper, a much softer material than either stone or wood, won out as the guardian of the written word is a remarkable materials story.

(C) Wall paintings are static and space is limited. The invention of paper, said to be one of the four great inventions of the Chinese, solved these problems, but it wasn't until the Romans replaced the scroll with the codex – or, as we call it now, the book – that the material reached its full potential.

17. 다음 주어진 문장 다음에 이어질 글의 순서로 가장 적절한 것은?

A reason for a conclusion is very unlikely to consist in a single claim.

(A) Hardly. The conclusion is about universities and free education, while the reason introduces some new ideas: economic benefit and a well-educated population. While the link between these two ideas and the conclusion might seem obvious, the purpose of reasoning is to avoid assuming the 'obvious' by carefully working through the connections between the various ideas in the initial statement of our reason.

(B) For example, the claim that 'university education should be free for all Australians' might be supported by the reason that 'the economy benefits from a well-educated Australian population'. But is our analysis of the situation clearly expressed in just one statement?

(C) No matter how we might state it in short-hand, it is, analytically, a complex interaction of many ideas and implications. The reason must be broken down into a chain of more precise premises.

18. 다음 주어진 문장 다음에 이어질 글의 순서로 가장 적절한 것은?

The word "migration" is almost always reported in the popular media and even in scientific literature as a problem or a crisis.

(A) Migration is generally selective of persons who are younger, healthier, more flexible, and more willing to endure hardship in hopes of a better life relative to their prospects in their places of origin. Most research that examines long-term outcomes of migration, including remittances and intergenerational mobility, finds positive "long-term" effects on places of origin and destination.

(B) For example, migrants are assumed to overcrowd cities, clog up labor markets, and increase poverty. The other questionable assumption is that most migration is involuntary – people fleeing natural or man-made disasters.

(C) The reality, however, is more complex, and many migrants are simply seeking greater economic opportunity. Of course migration can and does create social and economic problems. But migration can also be a solution for many preexisting problems. For example, out-migration generally redistributes workers from places of labor surplus to areas where there is greater demand or more opportunity.

19. 다음 주어진 문장 다음에 이어질 글의 순서로 가장 적절한 것은?

The big problem with money created by the government is that those who run the government always face the temptation to create more money and spend it.

(A) For this reason, many countries have preferred using gold, silver, or some other material that is inherently limited in supply, as money. It is a way of depriving governments of the power to expand the money supply to inflationary levels. Gold has long been considered ideal for this purpose, since the supply of gold in the world usually cannot be increased rapidly.

(B) When paper money is convertible into gold whenever the individual chooses to do so, then the money is said to be "backed up" by gold. This expression is misleading only if we imagine that the value of the gold is somehow transferred to the paper money, when in fact the real point is that the gold simply limits the amount of paper money that can be issued.

(C) Whether among ancient kings or modern politicians, this has happened again and again over the centuries, leading to inflation and the many economic and social problems that follow from inflation.

20. 다음 주어진 문장 다음에 이어질 글의 순서로 가장 적절한 것은?

The study of emotions and decision making is now of considerable importance.

(A) This contradicts the assumptions of conventional economics, where emotions play a negative role in the decision-making process. Here it is assumed that decision making can be modeled as being generated in a stoic, unemotional fashion, and that's why decisions tend to be optimal. But the evidence suggests that emotions actually play an important and, often, a positive role in decision making.

(B) This involves the application of various tools afforded by neuroscience. One important stream of the literature examines people with brain damage and how damage to particular parts of the brain known to be responsible for particular cognitive functions impacts on decision making.

(C) One example of this research is the work of Antonio Damasio, who finds that when the emotional part of the brain is damaged, this actually reduces the efficacy of decision making. Good decisions are a product of the emotional part of the brain working in conjunction with the deliberative part.

21. 다음 주어진 문장 다음에 이어질 글의 순서로 가장 적절한 것은?

Shoppers confronted with the choice of thirty different varieties of gourmet chocolates are more likely to walk away without buying any, compared with when they are presented with only half a dozen choices.

(A) The reason is that choice forces us to make comparisons and acknowledge relative disadvantages. People who choose Paris complain that it doesn't have the ocean and those who choose Hawaii regret that it doesn't have the museums. Psychologist Barry Schwartz calls this 'the 'tyranny of choice' because rather than providing freedom, it actually constrains our decision-making.

(B) He argues that wider choice increases unhappiness because we worry that we are going to make the wrong decision and so we get stressed about trying to process all the comparisons in an effort to get it right. This both increases our fear of making the wrong choice and raises expectations that we should be able to get the best choice. Having made the choice, we
then start to regret, wondering whether it was the right one.

(C) If employees are given a free trip to Paris, they are happy. If you give them a free trip to Hawaii, they are happy. But if you offer them the choice between the two destinations, they are less happy, no matter what they choose. Why might choice be so disruptive?

22. 다음 주어진 문장 다음에 이어질 글의 순서로 가장 적절한 것은?

As the train pulled into a quiet countryside station, the gentle chatter of passengers filled the air. Linda was excited to finally visit her grandparents after two years.

(A) She lay on her back, and her face was pale. Linda froze for a moment, feeling the urgency of the situation. She quickly knelt down beside the fallen woman, as a few people rushed over. Linda carefully tapped the elderly woman's shoulder to check if she was alright. The woman groaned softly, trying to gather her strength. Linda moved closer, sliding a hand under the woman's back. As the woman's eyes slowly opened, she reassured her softly, "It's okay, just relax for a moment." Linda helped the woman sit up slowly, then guided her back to her seat. As the situation settled, people around went back to their seats.

(B) She watched people getting onto the train and hurriedly finding their seats. A moment later, an elderly woman struggled with a heavy bag, trying to sit down next to her. The bag seemed almost too big for her small body. Linda hesitated, unsure if the elderly woman would want her help. But soon, she chose to assist the woman. "Let me help you with your bag," she said. Before she could reach the bag, the elderly woman suddenly lost her balance and fell down.

(C) As the elderly woman finally calmed down, she looked at Linda with a smile. "I'm so sorry," she said. "I have low blood pressure, and the sudden movement of the train must have made me feel dizzy. Thank you so much for helping me." Linda nodded gently in response, then turned her gaze back to the peaceful countryside scene. She thought that no matter how unsure she might feel, even the smallest act of help is much better for someone in need than doing nothing.

2025 고2 6월 모의고사

❶ voca ❷ text ❸ [/] ❹ _____ ❺ quiz 1 ❻ quiz 2 ❼ quiz 3 ❽ quiz 4 ❾ quiz 5

---

1. 밑줄 친 ⓐ~ⓘ 중 어법, 혹은 문맥상 어휘의 사용이 어색한 것끼리 짝지어진 것을 고르시오. 2025_H2_06_18

Dear Ms. Lopez,
We want to express our gratitude for your dedication as a Spanish instructor. With ⓐ<u>exceptional</u> teaching skills, you have significantly improved our students' ⓑ<u>progress</u> and confidence in Spanish. As the year is about to end, it is time for us to ⓒ<u>replace</u> on your contributions and consider the renewal of your contract. Given your positive ⓓ<u>impact</u>, we would like to offer an ⓔ<u>extension</u> of your contract for the next academic year. We ⓕ<u>believe</u> your continued involvement will further ⓖ<u>enhance</u> our students' learning experience and academic ⓗ<u>achievement</u>. We look forward to your ⓘ<u>respond</u>.
Sincerely,
James Martin
Principal

① ⓔ, ⓕ, ⓘ ② ⓒ, ⓔ ③ ⓓ, ⓖ
④ ⓔ, ⓕ ⑤ ⓒ, ⓘ

---

2. 밑줄 친 ⓐ~ⓚ 중 어법, 혹은 문맥상 어휘의 사용이 어색한 것끼리 짝지어진 것을 고르시오. 2025_H2_06_19

Peter stepped out of the ⓐ<u>frozen</u> night air and into the ⓑ<u>brightly</u> lit hospital lobby, ⓒ<u>holding</u> his three-year-old daughter in his arms. The ⓓ<u>harsh</u> light made her look even more unwell, her face all red and sweaty. Her fever had started ⓔ<u>suddenly</u>, just before dinner, but it wouldn't go down ⓕ<u>although</u> his efforts. At the front desk, he ⓖ<u>explained</u> her symptoms, his concern growing with every moment. They were quickly led to the doctor, who ⓗ<u>reassured</u> him and carefully examined his daughter. After the doctor gave her a shot, her fever went down and she seemed more ⓘ<u>comfortable</u>. As Peter watched her sleep ⓙ<u>peacefully</u> that night, he felt a wave of calm ⓚ<u>washed</u> over him.

① ⓐ, ⓕ, ⓚ ② ⓐ, ⓘ ③ ⓒ, ⓖ
④ ⓒ, ⓖ, ⓘ ⑤ ⓐ, ⓗ, ⓙ

---

3. 밑줄 친 ⓐ~ⓗ 중 어법, 혹은 문맥상 어휘의 사용이 어색한 것끼리 짝지어진 것을 고르시오. 2025_H2_06_20

Imagine you have the best tea in the world and you put it into a bag that's ⓐ<u>permeable</u>. It won't work. You just won't be able to ⓑ<u>make</u> a cup of tea. For the teabag to work, it needs to be ⓒ<u>porous</u>. You need the tea and the water to come ⓓ<u>in contact</u> with each other. In our lives too, we cannot survive and thrive in ⓔ<u>isolation</u>. Leaders need to be careful not to build walls around themselves that ⓕ<u>present</u> people from reaching out to them. As a leader, you need to be able to touch other people. The tea was meant to ⓖ<u>fix</u> with the water. Similarly all of us were ⓗ<u>designed</u> to work with other people, with teams, and with society at large.

① ⓐ, ⓔ, ⓗ ② ⓐ, ⓑ, ⓗ ③ ⓐ, ⓓ, ⓖ
④ ⓐ, ⓕ, ⓖ ⑤ ⓐ, ⓒ

---

4. 밑줄 친 ⓐ~ⓖ 중 어법, 혹은 문맥상 어휘의 사용이 어색한 것끼리 짝지어진 것을 고르시오. 2025_H2_06_21

It is difficult, if not impossible, to define the limits which reason should impose on the desire for wealth; for there is no ⓐ<u>absolute</u> or definite amount of wealth which will satisfy a man. The amount is always ⓑ<u>relative</u>, that is to say, just so much as will maintain the ⓒ<u>proportion</u> between what he wants and what he gets; for to measure a man's happiness only by what he gets, and not also by what he ⓓ<u>expects</u> to get, is as ⓔ<u>pointed</u> as to try and express a fraction which shall have a numerator but no denominator. A man never feels the loss of things which it never occurs to him to ask for; he is just as happy without them; whilst another, who may have a hundred times as much, feels ⓕ<u>miserable</u> because he has not got the one thing he wants. In fact, every man has a ⓖ<u>horizontal</u> of his own, and he will expect as much as he thinks it is possible for him to get.

① ⓐ, ⓔ ② ⓐ, ⓒ, ⓕ ③ ⓒ, ⓓ, ⓕ
④ ⓔ, ⓖ ⑤ ⓓ, ⓖ

5. 밑줄 친 ⓐ~ⓙ 중 어법, 혹은 문맥상 어휘의 사용이 어색한 것끼리 짝지어진 것을 고르시오. 2025_H2_06_22

All of the restaurants are using carefully chosen words to evoke ⓐunderline vivid mental images of delicious food and rich desserts in order to draw the potential customer to their particular ⓑestablishment. Just like the restaurants, nature has its own dining ⓒestablishments. In a ⓓ fashion ⓔsimilar to the restaurants' financial dependence upon drawing in many customers, the restaurateurs of the natural world (i.e., flowers) must also attract potential diners to ⓕsample their ⓖofferings . In the natural world, there are no neon signs or flashy words in which to ⓗmarket a potential meal to hungry animals. These restaurants that I am referring to are the world's flowers, and the potential guests are the host of organisms that ⓘvisiting flowers to obtain nectar and other valuable resources. Instead of using a written language or neon sign, they advertise their offerings just as ⓙeffective using the language of smell.

① ⓖ, ⓘ   ② ⓐ, ⓕ, ⓖ   ③ ⓐ, ⓑ, ⓔ
④ ⓘ, ⓙ   ⑤ ⓑ, ⓓ, ⓗ

6. 밑줄 친 ⓐ~ⓜ 중 어법, 혹은 문맥상 어휘의 사용이 어색한 것끼리 짝지어진 것을 고르시오. 2025_H2_06_23

Would you rather receive $1,000 in a year or $1,100 in a year and a month? Most people will opt for the ⓐlargest sum in thirteen months — where else will you find a ⓑ monthly interest rate of 10 percent. A wise choice, since the interest will ⓒcompensate you generously for any risks you face by waiting the extra few weeks. Second question: Would you prefer $1,000 today cash on the table or $1,100 in a month? If you think ⓓlikely most people, you'll ⓔtaking the $1,000 right away. This is ⓕ amazing. In both cases, if you hold out for just a month longer, you get $100 more. In the first case, it's ⓖsimple enough. You figure: "I've already waited twelve months; what's one more?" Not in the second case. The ⓗ introduction of "now" causes us to make ⓘinconsistent decisions. Science calls this phenomenon ⓙhyperbolic discounting. The ⓚcloser a reward is, the higher our "emotional interest rate" ⓛrises and the more we are ⓜ willing to give up in exchange for it.

① ⓐ, ⓓ, ⓔ   ② ⓒ, ⓗ   ③ ⓕ, ⓚ, ⓜ
④ ⓔ, ⓗ   ⑤ ⓒ, ⓖ

7. 밑줄 친 ⓐ~ⓖ 중 어법, 혹은 문맥상 어휘의 사용이 어색한 것끼리 짝지어진 것을 고르시오. 2025_H2_06_24

Of central importance for understanding the development of handedness is the answer to the question of when in development it is actually determined whether a child will be left-handed. It was long thought that handedness could only be reliably determined in elementary school, when a child learns to ⓐwrite. However, this assumption is ⓑincorrectly. In fact, scientific studies show that left-handedness is established in many children long ⓒbefore elementary school — interestingly, even before birth in most people. In such studies, the hand and arm movements of unborn children in the womb are recorded using ultrasound images. ⓓused this technique, it was shown that a clear ⓔpreference for the movement of the right arm exists as early as 10 weeks after ⓕfertility . In this study, ultrasound images of 72 unborn children 10 weeks after fertilization ⓖwere evaluated and 85% showed more movements of the right arm than the left. This number is already very close to the approximately 89.4% right-handers among adults.

① ⓒ, ⓕ, ⓖ   ② ⓐ, ⓔ   ③ ⓒ, ⓔ
④ ⓔ, ⓕ   ⑤ ⓑ, ⓓ, ⓕ

8. 밑줄 친 ⓐ~ⓘ 중 어법, 혹은 문맥상 어휘의 사용이 어색한 것끼리 짝지어진 것을 고르시오. 2025_H2_06_25

The graph above shows US dairy product imports in ⓐ selected countries from 2018 to 2020. Among the four countries above, Mexico consistently recorded the highest imports of US dairy products from 2018 to 2020. However, US ⓑdairy product imports in Mexico ⓒ decrease from 2019 to 2020, while the ⓓrevise was true in the other three countries ⓔduring the same period. In Indonesia, US dairy product imports in 2020 were more than twice ⓕthose in 2018. The increase in US dairy product imports in the Philippines from 2018 to 2019 was ⓖsmaller than ⓗthose in Indonesia in the same period. China was the only country ⓘwhere imports of US dairy products dropped between 2018 and 2019.

① ⓑ, ⓗ   ② ⓔ, ⓖ, ⓗ   ③ ⓐ, ⓖ, ⓗ
④ ⓒ, ⓓ, ⓗ   ⑤ ⓓ, ⓔ, ⓖ

9. 밑줄 친 ⓐ~ⓗ 중 어법, 혹은 문맥상 어휘의 사용이 어색한 것끼리 짝지어진 것을 고르시오. 2025_H2_06_26

Filippo Brunelleschi is considered to be the ⓐ<u>founded</u> father of Renaissance architecture. He was born in Florence in 1377. Filippo was artistically talented, and trained as a goldsmith and a clockmaker before becoming an architect. When he was around 25, he traveled to Rome with his friend, the sculptor Donatello, ⓑ<u>where</u> he studied the remains of ancient Roman buildings. His first architectural commission was the Ospedale degli Innocenti, ⓒ<u>which</u> is one of the great Renaissance buildings. ⓓ<u>A number</u> of other fine works, including chapels in Florentine churches, ⓔ<u>strengthening</u> his reputation. And the stunning dome of Il Duomo is his ⓕ<u>masterpiece</u>. He also designed machinery to produce special effects in theatrical ⓖ<u>produce</u>. He died in Florence and was ⓗ<u>buried</u> in Il Duomo.

① ⓐ, ⓓ, ⓖ   ② ⓑ, ⓓ   ③ ⓐ, ⓓ, ⓔ
④ ⓐ, ⓔ, ⓖ   ⑤ ⓔ, ⓕ

10. 밑줄 친 ⓐ~ⓜ 중 어법, 혹은 문맥상 어휘의 사용이 어색한 것끼리 짝지어진 것을 고르시오. 2025_H2_06_30

Low oil prices are a good thing, because it means ⓐ<u>higher</u> energy costs of production for the majority of industries, not ⓑ<u>least</u> the automobile and the logistics industries. Firms directly benefit from the ⓒ<u>decrease</u> in their costs of production and ⓓ<u>provision</u> of services. This has the effect of ⓔ<u>stimulating</u> the aggregate supply and provides a stimulus for growth. Conversely, a sudden ⓕ<u>rise</u> in oil prices due ⓖ<u>to</u> a shrink in oil production is never good news, even though it definitely gives a big boost to the energy sector. A look through the history of oil price fluctuations ⓗ<u>verifies</u> this notion, as this has been the subject of much ⓘ<u>economical</u> research. Following an oil price jump of 10 per cent due to a ⓙ<u>contraction</u> in supply, an economy (as typified by the US economy) typically sees its output (GDP) slowed by close to 1 percentage point. For a $15 trillion economy, ⓚ<u>that</u> is a loss of $150 billion in potential wealth or economic growth. ⓛ<u>Conversely</u> , there has never been much concern with oil price ⓜ<u>decreases</u> following an excess in its supply.

① ⓒ, ⓓ, ⓕ   ② ⓐ, ⓘ   ③ ⓚ, ⓜ
④ ⓔ, ⓜ   ⑤ ⓒ, ⓙ

11. 밑줄 친 ⓐ~ⓙ 중 어법, 혹은 문맥상 어휘의 사용이 어색한 것끼리 짝지어진 것을 고르시오. 2025_H2_06_31

We might forget an anecdote about a stranger because it makes ⓐ<u>few</u> connections with our existing associations, but we won't forget a piece of gossip about our cousin. There's one complex network that is larger and quicker to ⓑ<u>assess</u> than all others — the ⓒ<u>self</u>. We've been thinking about ourselves in our whole lives. (In fact, there were entire years ⓓ<u>during</u> junior high when we weren't capable of thinking about much else.) So if a new piece of information has ⓔ<u>something</u> to do with us, it will be more easily and thoroughly ⓕ<u>processing</u>. It hits even closer to home than our actual home — we can take a vacation away from our home, but not from ⓖ<u>ourselves</u>. The most effective communicators find ways to make the ⓗ<u>abstract</u> personal. Consider the warning that law schools give to ⓘ<u>motivate</u> first-year law students ⓙ<u>concerning</u> the rigors of their program. Hearing that "the first-year dropout rate is 33%" is an abstract statistic. "Look to your left, look to your right. One of the three of you won't be joining us next fall" wakes up the self.

① ⓐ, ⓖ, ⓘ   ② ⓑ, ⓓ, ⓔ   ③ ⓐ, ⓕ
④ ⓑ, ⓕ   ⑤ ⓑ, ⓒ, ⓖ

12. 밑줄 친 ⓐ~ⓘ 중 어법, 혹은 문맥상 어휘의 사용이 어색한 것끼리 짝지어진 것을 고르시오. 2025_H2_06_32

Steve Jobs used ⓐ<u>analogy</u> to get people to embrace the new technology. Before computers, people worked in a ⓑ<u>physical</u> world. We used paper and pens and physical file folders and so on. The idea of working in a virtual world was radically different. Or at least seemed radically different. What Jobs understood was that a physical office was fundamentally ⓒ<u>similar</u> to a virtual office. To win over the masses, Jobs drew strong analogies between the traditional workplace people knew well with the new, ⓓ<u>familiar</u> virtual workplace. In the pre-computer workplace, when ideas were written on paper it was called . . . a ⓔ<u>document</u>. When those documents needed to be stored they were put in . . . a folder. And those folders were kept on . . . a ⓕ<u>desk</u>. Documents, folders, and desktops are the terms we use in our virtual work ⓖ<u>because of</u> Steve Jobs understood that using ⓗ <u>familiar</u> terms would make the new technology easier to understand. The parallels between the physical and virtual workplace now seem ⓘ<u>obvious</u>.

① ⓐ, ⓒ, ⓗ   ② ⓓ, ⓖ   ③ ⓐ, ⓗ, ⓘ
④ ⓑ, ⓕ, ⓖ   ⑤ ⓓ, ⓗ, ⓘ

13. 밑줄 친 ⓐ~ⓖ 중 어법, 혹은 문맥상 어휘의 사용이 어색한 것끼리 짝지어진 것을 고르시오. 2025_H2_06_33

Turtle hatchlings have, it seems, evolved to crawl toward the light. For millions of years this was a highly ⓐ<u>rational</u> and effective strategy because the light on a dark beach represented the reflection of the moon and stars on the water's surface. Following the lights led baby turtles back home to the sea. The problems started when humans began building beachfront homes and sparkling hotels on the other side of the beach. Now after hatching, turtles heading for the ⓑ<u>brightest</u> nearby lights were ⓒ <u>being guided</u> straight into traffic. Are self-destructive sea turtles naturally ⓓ<u>rational</u>? Yes, in the modern world. But there's a deeper truth. Turtles are ⓔ<u>basing</u> their decisions on simple cues that were perfectly rational for their ⓕ<u>ancestors</u> ; these days, however, their evolved decision-making mechanisms are being ⓖ<u>wise</u> by modern lights.

① ⓐ, ⓑ, ⓔ   ② ⓒ, ⓕ   ③ ⓓ, ⓖ
④ ⓒ, ⓓ, ⓕ   ⑤ ⓑ, ⓓ, ⓔ

14. 밑줄 친 ⓐ~ⓘ 중 어법, 혹은 문맥상 어휘의 사용이 어색한 것끼리 짝지어진 것을 고르시오. 2025_H2_06_34

Sensory organs are ⓐ<u>the only</u> channels of communication between the brain and the ⓑ<u>outside</u> world. Simply put, the brain is not designed to sense on its own. For instance, an exposed brain would ⓒ<u>either</u> sense light shining on it nor feel something ⓓ<u>touches</u> it. In fact, patients are often kept awake ⓔ<u>during</u> brain surgery, ⓕ<u>which</u> can help a surgeon ⓖ<u>isolate</u> specific regions of the brain. The ancient Greek philosopher Aristotle recognized this characteristic of the brain over 2,000 years ago when he said, " ⓗ<u>Nothing</u> is in the mind that does not pass through the senses." This concept can be seen clearly when volunteers are blind-folded and placed in the warm water of a sensory ⓘ <u>deprivation</u> tank. They soon experience visual, auditory, and tactile (touch) hallucinations, as well as incoherent thought patterns. From these experiments and others, it is ⓙ<u>apparent</u> that we need constant input from our senses to carry out functions that give us personality and intellect.

① ⓐ, ⓕ   ② ⓒ, ⓓ   ③ ⓓ, ⓗ, ⓘ
④ ⓒ, ⓕ, ⓖ   ⑤ ⓑ, ⓗ

15. 밑줄 친 ⓐ~ⓘ 중 <u>어법, 혹은 문맥상 어휘의 사용이 어색한 것끼리</u> 짝지어진 것을 고르시오. _{2025_H2_06_35}

The writer and zoologist Desmond Morris observed that our feet communicate exactly what we think and feel more ⓐ<u>honestly</u> than any other part of our bodies. Why are the feet and legs such ⓑ<u>accurate</u> reflectors of our sentiments? For millions of years, long ⓒ<u>after</u> humans spoke, our legs and feet reacted to environmental threats (e.g., hot sand ill-tempered lions) ⓓ<u>instantaneously</u> , without the need for conscious thought. Our limbic brains made sure that our feet and legs reacted as needed by either ceasing motion, running away, or kicking at a potential threat. This survival regimen, ⓔ <u>retained</u> from our ancestral heritage, has served us well and continues to do so today. In fact, these ⓕ<u>age-old</u> reactions are still so hardwired in us ⓖ<u>that</u> when we are presented with ⓗ<u>something dangerous</u> or even disagreeable, our feet and legs still react as they ⓘ<u>were</u> in prehistoric times.

① ⓒ, ⓕ, ⓖ   ② ⓐ, ⓑ   ③ ⓑ, ⓕ
④ ⓐ, ⓖ, ⓘ   ⑤ ⓒ, ⓘ

16. 밑줄 친 ⓐ~ⓚ 중 <u>어법, 혹은 문맥상 어휘의 사용이 어색한 것끼리</u> 짝지어진 것을 고르시오. _{2025_H2_06_36}

The transition from an oral culture, ⓐ<u>in which</u> knowledge was handed down through stories, songs, and apprenticeships, to a ⓑ<u>literate</u> one, based on the written word, was held back for centuries by the ⓒ<u>lack</u> of suitable writing material. Stone and clay tablets were used, but they were prone to fracture and were bulky and heavy to transport. Wood ⓓ<u>suffers</u> from splitting and is susceptible to ⓔ<u>decay</u>. Wall paintings are ⓕ<u>dynamic</u> and space is ⓖ<u>limiting</u>. The invention of paper, said to be one of the four great ⓗ<u>inventions</u> of the Chinese, ⓘ <u>solved</u> these problems, but it wasn't until the Romans replaced the scroll with the codex — or, as we call it now, the book — ⓙ<u>which</u> the material reached its full potential. That was two thousand years ago, and it is still a ⓚ<u>dominant</u> form of the written word. That paper, a much softer material than either stone or wood, won out as the guardian of the written word is a remarkable materials story.

① ⓗ, ⓘ, ⓙ   ② ⓕ, ⓖ, ⓙ   ③ ⓔ, ⓚ
④ ⓔ, ⓖ, ⓚ   ⑤ ⓐ, ⓚ

17. 밑줄 친 ⓐ~ⓚ 중 어법, 혹은 문맥상 어휘의 사용이 어색한 것끼리 짝지어진 것을 고르시오. 2025_H2_06_37

A reason for a conclusion is very ⓐ<u>likely</u> to ⓑ<u>consist</u> in a single claim. No matter how we might state it in short-hand, it is, analytically, a ⓒ<u>simple</u> interaction of many ideas and implications. The reason must be ⓓ <u>broken down</u> into a chain of more precise premises. For example, the claim that 'university education should be free for all Australians' might be supported by the reason ⓔ<u>why</u> 'the economy benefits from a well-educated Australian ⓕ<u>population</u> '. But is our analysis of the situation clearly ⓖ<u>expressed</u> in just one statement? Hardly. The conclusion is about universities and free education, while the reason introduces some new ideas: ⓗ<u>economic</u> benefit and a well-educated population. While the link between these two ideas and the conclusion might seem ⓘ<u>obvious</u>, the purpose of reasoning is to avoid ⓙ<u>assuming</u> the 'obvious' by carefully working through the ⓚ<u>connections</u> between the various ideas in the initial statement of our reason.

① ⓐ, ⓓ   ② ⓐ, ⓒ, ⓔ   ③ ⓕ, ⓘ, ⓚ
④ ⓒ, ⓖ, ⓗ   ⑤ ⓒ, ⓔ, ⓕ

18. 밑줄 친 ⓐ~ⓛ 중 어법, 혹은 문맥상 어휘의 사용이 어색한 것끼리 짝지어진 것을 고르시오. 2025_H2_06_38

The word "migration" is almost always reported in the popular media and even in scientific ⓐ<u>literacy</u> as a ⓑ <u>problem</u> or a crisis. For example, migrants are assumed to ⓒ<u>overcrowd</u> cities, clog up labor markets, and increase ⓓ<u>poverty</u>. The other questionable assumption is that most migration is ⓔ<u>involuntary</u> — people fleeing natural or man-made disasters. The reality, however, is more complex, and many migrants are simply seeking greater economic ⓕ<u>opportunity</u>. Of course migration can and does create social and economic ⓖ<u>promises</u>. But migration can also be a solution for many preexisting problems. For example, out-migration generally ⓗ <u>redistributes</u> workers from places of labor surplus to areas ⓘ<u>where</u> there is greater demand or more ⓙ<u>opportunity</u>. Migration is generally selective of persons who are younger, healthier, more flexible, and more willing to endure hardship in hopes of a better life ⓚ<u>relative</u> to their prospects in their places of origin. Most research that examines long-term outcomes of migration, including remittances and intergenerational mobility, finds ⓛ<u>positive</u> "long-term" effects on places of origin and destination.

① ⓐ, ⓖ   ② ⓐ, ⓘ   ③ ⓖ, ⓙ, ⓛ
④ ⓗ, ⓘ   ⑤ ⓐ, ⓗ, ⓘ

19. 밑줄 친 ⓐ~ⓚ 중 어법, 혹은 문맥상 어휘의 사용이 어색한 것끼리 짝지어진 것을 고르시오. 2025_H2_06_39

The big problem with money ⓐ<u>created</u> by the government is that those who ⓑ<u>run</u> the government always face the ⓒ<u>temptation</u> to create more money and ⓓ<u>spend</u> it. Whether among ancient kings or modern politicians, this has happened again and again over the centuries, leading to ⓔ<u>inflation</u> and the many economic and social problems that follow from inflation. For this reason, many countries have preferred using gold, silver, or some other material that is inherently ⓕ<u>limitless</u> in supply, as money. It is a way of ⓖ<u>depriving</u> governments of the power to expand the money supply to inflationary levels. Gold has long been considered ideal for this purpose, since the supply of gold in the world usually cannot be ⓗ<u>increased</u> rapidly. When paper money is convertible into gold whenever the individual chooses to do so, then the money is said to be "backed up" by gold. This expression is ⓘ<u>accurate</u> only if we imagine that the value of the gold is somehow ⓙ<u>transferred</u> to the paper money, when in fact the real point is that the gold simply limits the amount of paper money that can be ⓚ<u>issuing</u>.

① ⓐ, ⓑ, ⓚ   ② ⓗ, ⓚ   ③ ⓓ, ⓖ
④ ⓕ, ⓘ, ⓚ   ⑤ ⓐ, ⓗ, ⓚ

20. 밑줄 친 ⓐ~ⓝ 중 어법, 혹은 문맥상 어휘의 사용이 어색한 것끼리 짝지어진 것을 고르시오. 2025_H2_06_40

The study of emotions and decision making is now of ⓐ<u>considerable</u> importance. This involves the application of various tools ⓑ<u>afforded</u> by neuroscience. One important stream of the literature examines people with brain damage and how damage to particular parts of the brain ⓒ<u>known</u> to be responsible for particular cognitive functions ⓓ<u>impacts</u> on decision making. One example of this research is the work of Antonio Damasio, ⓔ<u>who</u> finds that when the emotional part of the brain is damaged, this actually ⓕ<u>reduces</u> the efficacy of decision making. Good decisions are a product of the ⓖ<u>rational</u> part of the brain ⓗ<u>working</u> in conjunction with the deliberative part. This ⓘ<u>contradicts</u> the assumptions of conventional economics, ⓙ<u>where</u> emotions play a negative role in the decision-making process. Here it is assumed that decision making can be modeled as being generated in a stoic, ⓚ<u>unemotional</u> fashion, and that's ⓛ<u>why</u> decisions tend to be optimal. But the evidence suggests that ⓜ<u>emotions</u> actually play an important and, often, a ⓝ<u>negative</u> role in decision making.

① ⓑ, ⓒ, ⓕ   ② ⓖ, ⓝ   ③ ⓓ, ⓕ, ⓚ
④ ⓒ, ⓝ   ⑤ ⓘ, ⓙ

21. 밑줄 친 ⓐ~ⓝ 중 어법, 혹은 문맥상 어휘의 사용이 어색한 것끼리 짝지어진 것을 고르시오. *2025_H2_06_41~42*

Shoppers ⓐare confronted with the choice of thirty different varieties of gourmet chocolates are ⓑmore likely to walk away without buying any, compared with when they ⓒare presented with only half a dozen choices. If employees are given a free trip to Paris, they are happy. If you give them a free trip to Hawaii, they are happy. But if you offer them the choice between the two destinations, they are less happy, no matter ⓓwhat they choose. Why might choice be so ⓔhappy? The reason is that choice forces us to make comparisons and acknowledge relative ⓕdisadvantages. People who choose Paris complain that it doesn't have the ocean and those who choose Hawaii regret that it doesn't have the museums. Psychologist Barry Schwartz calls this the 'ⓖtyranny of choice' because rather than providing freedom, it actually ⓗconstrains our decision-making. He argues that ⓘwider choice increases unhappiness because we worry that we are going to make the ⓙwrong decision and so we get stressed about trying to process all the comparisons in an effort to get it right. This both increases our ⓚfear of making the wrong choice and ⓛraises expectations that we should be able to get the best choice. ⓜmade the choice, we then start to ⓝregret, wondering whether it was the right one.

① ⓔ, ⓕ, ⓗ　　② ⓒ, ⓘ, ⓝ　　③ ⓑ, ⓙ
④ ⓐ, ⓑ, ⓘ　　⑤ ⓐ, ⓔ, ⓜ

22. 밑줄 친 ⓐ~ⓕ 중 어법, 혹은 문맥상 어휘의 사용이 어색한 것끼리 짝지어진 것을 고르시오. *2025_H2_06_43~45*

As the train pulled into a quiet countryside station, the gentle chatter of passengers filled the air. Linda was ⓐexciting to finally visit her grandparents after two years. She watched people getting onto the train and hurriedly finding their ⓑseats. A moment later, an elderly woman struggled with a heavy bag, trying to sit down next to her. The bag seemed almost too big for her small body. Linda hesitated, unsure if the elderly woman would want her help. But soon, she chose to assist the woman. "Let me help you with your bag," she said. Before she could reach the bag, the elderly woman suddenly lost her balance and fell down. She ⓒlay on her back, and her face was pale. Linda froze for a moment, ⓓfeeling the urgency of the situation. She quickly knelt down beside the fallen woman, as a few people rushed over. Linda carefully tapped the elderly woman's shoulder to check if she was alright. The woman groaned softly, trying to gather her strength. Linda moved closer, sliding a hand under the woman's back. As the woman's eyes slowly opened, she reassured her softly, "It's okay, just relax for a moment." Linda helped the woman sit up slowly, then guided her back to her ⓔsit. As the situation settled, people around went back to their seats. As the elderly woman finally calmed down, she looked at Linda with a smile. "I'm so sorry," she said. "I have low blood pressure, and the sudden movement of the train ⓕshould have made me feel dizzy. Thank you so much for helping me." Linda nodded gently in response, then turned her gaze back to the peaceful countryside scene. She thought that no matter how unsure she might feel, even the smallest act of help is much better for someone in need than doing nothing.

① ⓒ, ⓓ, ⓕ　　② ⓐ, ⓔ, ⓕ　　③ ⓓ, ⓕ
④ ⓓ, ⓔ, ⓕ　　⑤ ⓐ, ⓑ

2025 고2 6월 모의고사

❶ voca ❷ text ❸ [/] ❹ _____ ❺ quiz 1 ❻ quiz 2 ❼ quiz 3 ❽ quiz 4 ❾ quiz 5

1. 밑줄 부분 중 어법, 혹은 문맥상 어휘의 쓰임이 어색한 것을 올바르게 고쳐 쓰시오. (5개) 2025_H2_06_18

Dear Ms. Lopez,
We want to express our gratitude for your dedication as a Spanish instructor. With ①exceptionally teaching skills, you have significantly improved our students' ②process and confidence in Spanish. As the year is about to end, it is time for us to ③replace on your contributions and consider the renewal of your contract. Given your positive ④impact, we would like to offer an ⑤extension of your contract for the next academic year. We ⑥believe your continued involvement will further ⑦enhance our students' learning experience and academic ⑧assignment. We look forward to your ⑨respond.
Sincerely,
James Martin
Principal

기호	어색한 표현		올바른 표현
( )	__________	→	__________
( )	__________	→	__________
( )	__________	→	__________
( )	__________	→	__________
( )	__________	→	__________

2. 밑줄 부분 중 어법, 혹은 문맥상 어휘의 쓰임이 어색한 것을 올바르게 고쳐 쓰시오. (5개) 2025_H2_06_19

Peter stepped out of the ①freezing night air and into the ②brightly lit hospital lobby, ③held his three-year-old daughter in his arms. The ④soft light made her look even more unwell, her face all red and sweaty. Her fever had started ⑤suddenly, just before dinner, but it wouldn't go down ⑥despite his efforts. At the front desk, he ⑦explained her symptoms, his concern growing with every moment. They were quickly led to the doctor, who ⑧reassuring him and carefully examined his daughter. After the doctor gave her a shot, her fever went down and she seemed more ⑨uncomfortable. As Peter watched her sleep ⑩peacefully that night, he felt a wave of calm ⑪washed over him.

기호	어색한 표현		올바른 표현
( )	__________	→	__________
( )	__________	→	__________
( )	__________	→	__________
( )	__________	→	__________
( )	__________	→	__________

3. 밑줄 부분 중 어법, 혹은 문맥상 어휘의 쓰임이 어색한 것을 올바르게 고쳐 쓰시오. (5개) 2025_H2_06_20

Imagine you have the best tea in the world and you put it into a bag that's ①impermeable. It won't work. You just won't be able to ②makes a cup of tea. For the teabag to work, it needs to be ③porous. You need the tea and the water to come ④in contrast with each other. In our lives too, we cannot survive and thrive in ⑤celebration. Leaders need to be careful not to build walls around themselves that ⑥present people from reaching out to them. As a leader, you need to be able to touch other people. The tea was meant to ⑦mix with the water. Similarly all of us were ⑧design to work with other people, with teams, and with society at large.

기호	어색한 표현		올바른 표현
( )	__________	→	__________
( )	__________	→	__________
( )	__________	→	__________
( )	__________	→	__________
( )	__________	→	__________

4. 밑줄 부분 중 어법, 혹은 문맥상 어휘의 쓰임이 어색한 것을 올바르게 고쳐 쓰시오. (5개) 2025_H2_06_21

It is difficult, if not impossible, to define the limits which reason should impose on the desire for wealth; for there is no ①<u>absolutely</u> or definite amount of wealth which will satisfy a man. The amount is always ②<u>relative</u>, that is to say, just so much as will maintain the ③<u>promotion</u> between what he wants and what he gets; for to measure a man's happiness only by what he gets, and not also by what he ④<u>expect</u> to get, is as ⑤<u>pointed</u> as to try and express a fraction which shall have a numerator but no denominator. A man never feels the loss of things which it never occurs to him to ask for; he is just as happy without them; whilst another, who may have a hundred times as much, feels ⑥<u>miserably</u> because he has not got the one thing he wants. In fact, every man has a ⑦<u>horizon</u> of his own, and he will expect as much as he thinks it is possible for him to get.

기호	어색한 표현		올바른 표현
(　　)	＿＿＿＿＿	➜	＿＿＿＿＿
(　　)	＿＿＿＿＿	➜	＿＿＿＿＿
(　　)	＿＿＿＿＿	➜	＿＿＿＿＿
(　　)	＿＿＿＿＿	➜	＿＿＿＿＿
(　　)	＿＿＿＿＿	➜	＿＿＿＿＿

5. 밑줄 부분 중 어법, 혹은 문맥상 어휘의 쓰임이 어색한 것을 올바르게 고쳐 쓰시오. (5개) 2025_H2_06_22

All of the restaurants are using carefully chosen words to evoke ①<u>vivid</u> mental images of delicious food and rich desserts in order to draw the potential customer to their particular ②<u>establish</u>. Just like the restaurants, nature has its own dining ③<u>establishing</u>. In a ④<u>fashion</u> ⑤<u>similar to</u> the restaurants' financial dependence upon drawing in many customers, the restaurateurs of the natural world (i.e., flowers) must also attract potential diners to ⑥<u>sample</u> their ⑦<u>offsprings</u> . In the natural world, there are no neon signs or flashy words in which to ⑧<u>market</u> a potential meal to hungry animals. These restaurants that I am referring to are the world's flowers, and the potential guests are the host of organisms that ⑨<u>visiting</u> flowers to obtain nectar and other valuable resources. Instead of using a written language or neon sign, they advertise their offerings just as ⑩<u>effective</u> using the language of smell.

기호	어색한 표현		올바른 표현
(　　)	＿＿＿＿＿	➜	＿＿＿＿＿
(　　)	＿＿＿＿＿	➜	＿＿＿＿＿
(　　)	＿＿＿＿＿	➜	＿＿＿＿＿
(　　)	＿＿＿＿＿	➜	＿＿＿＿＿
(　　)	＿＿＿＿＿	➜	＿＿＿＿＿

6. 밑줄 부분 중 어법, 혹은 문맥상 어휘의 쓰임이 어색한 것을 올바르게 고쳐 쓰시오. (5개) 2025_H2_06_23

Would you rather receive $1,000 in a year or $1,100 in a year and a month? Most people will opt for the ① <u>largest</u> sum in thirteen months — where else will you find a ② <u>monthly</u> interest rate of 10 percent. A wise choice, since the interest will ③ <u>compensate</u> you generously for any risks you face by waiting the extra few weeks. Second question: Would you prefer $1,000 today cash on the table or $1,100 in a month? If you think ④ <u>likely</u> most people, you'll ⑤ <u>taking</u> the $1,000 right away. This is ⑥ <u>amazing</u>. In both cases, if you hold out for just a month longer, you get $100 more. In the first case, it's ⑦ <u>simple</u> enough. You figure: "I've already waited twelve months; what's one more?" Not in the second case. The ⑧ <u>instruction</u> of "now" causes us to make ⑨ <u>inconsistent</u> decisions. Science calls this phenomenon ⑩ <u>hypnotic</u> discounting. The ⑪ <u>closer</u> a reward is, the higher our "emotional interest rate" ⑫ <u>rises</u> and the more we are ⑬ <u>willing</u> to give up in exchange for it.

기호	어색한 표현		올바른 표현
( )	__________	→	__________
( )	__________	→	__________
( )	__________	→	__________
( )	__________	→	__________
( )	__________	→	__________

7. 밑줄 부분 중 어법, 혹은 문맥상 어휘의 쓰임이 어색한 것을 올바르게 고쳐 쓰시오. (5개) 2025_H2_06_24

Of central importance for understanding the development of handedness is the answer to the question of when in development it is actually determined whether a child will be left-handed. It was long thought that handedness could only be reliably determined in elementary school, when a child learns to ① <u>writing</u>. However, this assumption is ② <u>incorrectly</u>. In fact, scientific studies show that left-handedness is established in many children long ③ <u>after</u> elementary school — interestingly, even before birth in most people. In such studies, the hand and arm movements of unborn children in the womb are recorded using ultrasound images. ④ <u>used</u> this technique, it was shown that a clear ⑤ <u>prefer</u> for the movement of the right arm exists as early as 10 weeks after ⑥ <u>fertilization</u> . In this study, ultrasound images of 72 unborn children 10 weeks after fertilization ⑦ <u>were</u> evaluated and 85% showed more movements of the right arm than the left. This number is already very close to the approximately 89.4% right-handers among adults.

기호	어색한 표현		올바른 표현
( )	__________	→	__________
( )	__________	→	__________
( )	__________	→	__________
( )	__________	→	__________
( )	__________	→	__________

8. 밑줄 부분 중 어법, 혹은 문맥상 어휘의 쓰임이 어색한 것을 올바르게 고쳐 쓰시오. (5개) 2025_H2_06_25

The graph above shows US dairy product imports in ① <u>selecting</u> countries from 2018 to 2020. Among the four countries above, Mexico consistently recorded the highest imports of US dairy products from 2018 to 2020. However, US ②<u>dairy</u> product imports in Mexico ③ <u>decreased</u> from 2019 to 2020, while the ④<u>revise</u> was true in the other three countries ⑤<u>while</u> the same period. In Indonesia, US dairy product imports in 2020 were more than twice ⑥<u>those</u> in 2018. The increase in US dairy product imports in the Philippines from 2018 to 2019 was ⑦<u>smaller</u> than ⑧<u>those</u> in Indonesia in the same period. China was the only country ⑨<u>which</u> imports of US dairy products dropped between 2018 and 2019.

기호	어색한 표현		올바른 표현
(　)	＿＿＿＿＿	➔	＿＿＿＿＿
(　)	＿＿＿＿＿	➔	＿＿＿＿＿
(　)	＿＿＿＿＿	➔	＿＿＿＿＿
(　)	＿＿＿＿＿	➔	＿＿＿＿＿
(　)	＿＿＿＿＿	➔	＿＿＿＿＿

9. 밑줄 부분 중 어법, 혹은 문맥상 어휘의 쓰임이 어색한 것을 올바르게 고쳐 쓰시오. (5개) 2025_H2_06_26

Filippo Brunelleschi is considered to be the ①<u>founded</u> father of Renaissance architecture. He was born in Florence in 1377. Filippo was artistically talented, and trained as a goldsmith and a clockmaker before becoming an architect. When he was around 25, he traveled to Rome with his friend, the sculptor Donatello, ②<u>which</u> he studied the remains of ancient Roman buildings. His first architectural commission was the Ospedale degli Innocenti, ③<u>which</u> is one of the great Renaissance buildings. ④<u>the number</u> of other fine works, including chapels in Florentine churches, ⑤ <u>strengthening</u> his reputation. And the stunning dome of Il Duomo is his ⑥<u>masterpiece</u>. He also designed machinery to produce special effects in theatrical ⑦ <u>produce</u>. He died in Florence and was ⑧<u>buried</u> in Il Duomo.

기호	어색한 표현		올바른 표현
(　)	＿＿＿＿＿	➔	＿＿＿＿＿
(　)	＿＿＿＿＿	➔	＿＿＿＿＿
(　)	＿＿＿＿＿	➔	＿＿＿＿＿
(　)	＿＿＿＿＿	➔	＿＿＿＿＿
(　)	＿＿＿＿＿	➔	＿＿＿＿＿

10. 밑줄 부분 중 어법, 혹은 문맥상 어휘의 쓰임이 어색한 것을 올바르게 고쳐 쓰시오. (5개) ^{2025_H2_06_30}

Low oil prices are a good thing, because it means ① <u>lower</u> energy costs of production for the majority of industries, not ②<u>least</u> the automobile and the logistics industries. Firms directly benefit from the ③<u>decrease</u> in their costs of production and ④<u>provide</u> of services. This has the effect of ⑤<u>simulating</u> the aggregate supply and provides a stimulus for growth. Conversely, a sudden ⑥ <u>drop</u> in oil prices due ⑦<u>to</u> a shrink in oil production is never good news, even though it definitely gives a big boost to the energy sector. A look through the history of oil price fluctuations ⑧<u>verifies</u> this notion, as this has been the subject of much ⑨<u>economical</u> research. Following an oil price jump of 10 per cent due to a ⑩ <u>contraction</u> in supply, an economy (as typified by the US economy) typically sees its output (GDP) slowed by close to 1 percentage point. For a $15 trillion economy, ⑪<u>that</u> is a loss of $150 billion in potential wealth or economic growth. ⑫<u>similarly</u> , there has never been much concern with oil price ⑬<u>decreases</u> following an excess in its supply.

기호	어색한 표현		올바른 표현
( )	___________	➔	___________
( )	___________	➔	___________
( )	___________	➔	___________
( )	___________	➔	___________
( )	___________	➔	___________

11. 밑줄 부분 중 어법, 혹은 문맥상 어휘의 쓰임이 어색한 것을 올바르게 고쳐 쓰시오. (5개) ^{2025_H2_06_31}

We might forget an anecdote about a stranger because it makes ①<u>few</u> connections with our existing associations, but we won't forget a piece of gossip about our cousin. There's one complex network that is larger and quicker to ②<u>assess</u> than all others — the ③ <u>safe</u>. We've been thinking about ourselves in our whole lives. (In fact, there were entire years ④<u>during</u> junior high when we weren't capable of thinking about much else.) So if a new piece of information has ⑤<u>nothing</u> to do with us, it will be more easily and thoroughly ⑥ <u>processed</u>. It hits even closer to home than our actual home — we can take a vacation away from our home, but not from ⑦<u>ourselves</u>. The most effective communicators find ways to make the ⑧<u>abstract</u> personal. Consider the warning that law schools give to ⑨<u>discourage</u> first-year law students ⑩<u>concern</u> the rigors of their program. Hearing that "the first-year dropout rate is 33%" is an abstract statistic. "Look to your left, look to your right. One of the three of you won't be joining us next fall" wakes up the self.

기호	어색한 표현		올바른 표현
( )	___________	➔	___________
( )	___________	➔	___________
( )	___________	➔	___________
( )	___________	➔	___________
( )	___________	➔	___________

12. 밑줄 부분 중 어법, 혹은 문맥상 어휘의 쓰임이 어색한 것을 올바르게 고쳐 쓰시오. (5개) ^{2025_H2_06_32}

Steve Jobs used ①<u>analogy</u> to get people to embrace the new technology. Before computers, people worked in a ②<u>digital</u> world. We used paper and pens and physical file folders and so on. The idea of working in a virtual world was radically different. Or at least seemed radically different. What Jobs understood was that a physical office was fundamentally ③<u>different</u> to a virtual office. To win over the masses, Jobs drew strong analogies between the traditional workplace people knew well with the new, ④<u>unfamiliar</u> virtual workplace. In the pre-computer workplace, when ideas were written on paper it was called . . . a ⑤<u>documentary</u>. When those documents needed to be stored they were put in . . . a folder. And those folders were kept on . . . a ⑥<u>disc</u>. Documents, folders, and desktops are the terms we use in our virtual work ⑦<u>because</u> Steve Jobs understood that using ⑧<u>novel</u> terms would make the new technology easier to understand. The parallels between the physical and virtual workplace now seem ⑨<u>obvious</u>.

기호	어색한 표현		올바른 표현
( )	__________	➜	__________
( )	__________	➜	__________
( )	__________	➜	__________
( )	__________	➜	__________
( )	__________	➜	__________

13. 밑줄 부분 중 어법, 혹은 문맥상 어휘의 쓰임이 어색한 것을 올바르게 고쳐 쓰시오. (5개) ^{2025_H2_06_33}

Turtle hatchlings have, it seems, evolved to crawl toward the light. For millions of years this was a highly ①<u>irrational</u> and effective strategy because the light on a dark beach represented the reflection of the moon and stars on the water's surface. Following the lights led baby turtles back home to the sea. The problems started when humans began building beachfront homes and sparkling hotels on the other side of the beach. Now after hatching, turtles heading for the ②<u>brightest</u> nearby lights were ③<u>guiding</u> straight into traffic. Are self-destructive sea turtles naturally ④<u>irrational</u>? Yes, in the modern world. But there's a deeper truth. Turtles are ⑤<u>based</u> their decisions on simple cues that were perfectly rational for their ⑥<u>descendants</u> ; these days, however, their evolved decision-making mechanisms are being ⑦<u>wise</u> by modern lights.

기호	어색한 표현		올바른 표현
( )	__________	➜	__________
( )	__________	➜	__________
( )	__________	➜	__________
( )	__________	➜	__________
( )	__________	➜	__________

14. 밑줄 부분 중 <u>어법, 혹은 문맥상 어휘의 쓰임이 어색한 것</u>을 올바르게 고쳐 쓰시오. (5개) 2025_H2_06_34

Sensory organs are ①<u>one of the</u> channels of communication between the brain and the ②<u>outside</u> world. Simply put, the brain is not designed to sense on its own. For instance, an exposed brain would ③<u>neither</u> sense light shining on it nor feel something ④<u>touches</u> it. In fact, patients are often kept awake ⑤<u>while</u> brain surgery, ⑥<u>which</u> can help a surgeon ⑦<u>confuse</u> specific regions of the brain. The ancient Greek philosopher Aristotle recognized this characteristic of the brain over 2,000 years ago when he said, " ⑧<u>Nothing</u> is in the mind that does not pass through the senses." This concept can be seen clearly when volunteers are blind-folded and placed in the warm water of a sensory ⑨<u>deprivation</u> tank. They soon experience visual, auditory, and tactile (touch) hallucinations, as well as incoherent thought patterns. From these experiments and others, it is ⑩<u>ambiguous</u> that we need constant input from our senses to carry out functions that give us personality and intellect.

기호	어색한 표현		올바른 표현
( )	__________	➔	__________
( )	__________	➔	__________
( )	__________	➔	__________
( )	__________	➔	__________
( )	__________	➔	__________

15. 밑줄 부분 중 <u>어법, 혹은 문맥상 어휘의 쓰임이 어색한 것</u>을 올바르게 고쳐 쓰시오. (5개) 2025_H2_06_35

The writer and zoologist Desmond Morris observed that our feet communicate exactly what we think and feel more ①<u>honorably</u> than any other part of our bodies. Why are the feet and legs such ②<u>vague</u> reflectors of our sentiments? For millions of years, long ③<u>after</u> humans spoke, our legs and feet reacted to environmental threats (e.g., hot sand ill-tempered lions) ④<u>instantaneously</u> , without the need for conscious thought. Our limbic brains made sure that our feet and legs reacted as needed by either ceasing motion, running away, or kicking at a potential threat. This survival regimen, ⑤<u>retained</u> from our ancestral heritage, has served us well and continues to do so today. In fact, these ⑥<u>innovative</u> reactions are still so hardwired in us ⑦<u>which</u> when we are presented with ⑧<u>something dangerous</u> or even disagreeable, our feet and legs still react as they ⑨<u>did</u> in prehistoric times.

기호	어색한 표현		올바른 표현
( )	__________	➔	__________
( )	__________	➔	__________
( )	__________	➔	__________
( )	__________	➔	__________
( )	__________	➔	__________

16. 밑줄 부분 중 어법, 혹은 문맥상 어휘의 쓰임이 어색한 것을 올바르게 고쳐 쓰시오. (5개) 2025_H2_06_36

The transition from an oral culture, ①<u>which</u> knowledge was handed down through stories, songs, and apprenticeships, to a ②<u>literal</u> one, based on the written word, was held back for centuries by the ③<u>abundance</u> of suitable writing material. Stone and clay tablets were used, but they were prone to fracture and were bulky and heavy to transport. Wood ④<u>suffers</u> from splitting and is susceptible to ⑤<u>decay</u>. Wall paintings are ⑥<u>dynamic</u> and space is ⑦<u>limiting</u>. The invention of paper, said to be one of the four great ⑧<u>inventions</u> of the Chinese, ⑨<u>solved</u> these problems, but it wasn't until the Romans replaced the scroll with the codex — or, as we call it now, the book — ⑩<u>that</u> the material reached its full potential. That was two thousand years ago, and it is still a ⑪<u>dominant</u> form of the written word. That paper, a much softer material than either stone or wood, won out as the guardian of the written word is a remarkable materials story.

기호	어색한 표현		올바른 표현
( )	__________	➔	__________
( )	__________	➔	__________
( )	__________	➔	__________
( )	__________	➔	__________
( )	__________	➔	__________

17. 밑줄 부분 중 어법, 혹은 문맥상 어휘의 쓰임이 어색한 것을 올바르게 고쳐 쓰시오. (5개) 2025_H2_06_37

A reason for a conclusion is very ①<u>likely</u> to ②<u>consist</u> in a single claim. No matter how we might state it in short-hand, it is, analytically, a ③<u>simple</u> interaction of many ideas and implications. The reason must be ④<u>broken down</u> into a chain of more precise premises. For example, the claim that 'university education should be free for all Australians' might be supported by the reason ⑤<u>why</u> 'the economy benefits from a well-educated Australian ⑥<u>population</u> '. But is our analysis of the situation clearly ⑦<u>expressed</u> in just one statement? Hardly. The conclusion is about universities and free education, while the reason introduces some new ideas: ⑧<u>economic</u> benefit and a well-educated population. While the link between these two ideas and the conclusion might seem ⑨<u>obviously</u>, the purpose of reasoning is to avoid ⑩<u>assuming</u> the 'obvious' by carefully working through the ⑪<u>connections</u> between the various ideas in the initial statement of our reason.

기호	어색한 표현		올바른 표현
( )	__________	➔	__________
( )	__________	➔	__________
( )	__________	➔	__________
( )	__________	➔	__________
( )	__________	➔	__________

18. 밑줄 부분 중 어법, 혹은 문맥상 어휘의 쓰임이 어색한 것을 올바르게 고쳐 쓰시오. (5개) ^{2025_H2_06_38}

The word "migration" is almost always reported in the popular media and even in scientific ①<u>literature</u> as a ②<u>program</u> or a crisis. For example, migrants are assumed to ③<u>overcrowd</u> cities, clog up labor markets, and increase ④<u>poverty</u>. The other questionable assumption is that most migration is ⑤<u>involuntary</u> — people fleeing natural or man-made disasters. The reality, however, is more complex, and many migrants are simply seeking greater economic ⑥<u>opportunity</u>. Of course migration can and does create social and economic ⑦<u>problems</u>. But migration can also be a solution for many preexisting problems. For example, out-migration generally ⑧<u>recollects</u> workers from places of labor surplus to areas ⑨<u>which</u> there is greater demand or more ⑩<u>opponent</u>. Migration is generally selective of persons who are younger, healthier, more flexible, and more willing to endure hardship in hopes of a better life ⑪<u>relative</u> to their prospects in their places of origin. Most research that examines long-term outcomes of migration, including remittances and intergenerational mobility, finds ⑫<u>negative</u> "long-term" effects on places of origin and destination.

기호   어색한 표현   올바른 표현

(   ) _______ ➔ _______

(   ) _______ ➔ _______

(   ) _______ ➔ _______

(   ) _______ ➔ _______

(   ) _______ ➔ _______

19. 밑줄 부분 중 어법, 혹은 문맥상 어휘의 쓰임이 어색한 것을 올바르게 고쳐 쓰시오. (5개) ^{2025_H2_06_39}

The big problem with money ①<u>created</u> by the government is that those who ②<u>runs</u> the government always face the ③<u>temptation</u> to create more money and ④<u>spend</u> it. Whether among ancient kings or modern politicians, this has happened again and again over the centuries, leading to ⑤<u>deflation</u> and the many economic and social problems that follow from inflation. For this reason, many countries have preferred using gold, silver, or some other material that is inherently ⑥<u>limitless</u> in supply, as money. It is a way of ⑦<u>reminding</u> governments of the power to expand the money supply to inflationary levels. Gold has long been considered ideal for this purpose, since the supply of gold in the world usually cannot be ⑧<u>increased</u> rapidly. When paper money is convertible into gold whenever the individual chooses to do so, then the money is said to be "backed up" by gold. This expression is ⑨<u>misleading</u> only if we imagine that the value of the gold is somehow ⑩<u>transformed</u> to the paper money, when in fact the real point is that the gold simply limits the amount of paper money that can be ⑪<u>issued</u>.

기호   어색한 표현   올바른 표현

(   ) _______ ➔ _______

(   ) _______ ➔ _______

(   ) _______ ➔ _______

(   ) _______ ➔ _______

(   ) _______ ➔ _______

20. 밑줄 부분 중 어법, 혹은 문맥상 어휘의 쓰임이 어색한 것을 올바르게 고쳐 쓰시오. (5개) *2025_H2_06_40*

The study of emotions and decision making is now of ①<u>considerable</u> importance. This involves the application of various tools ②<u>afforded</u> by neuroscience. One important stream of the literature examines people with brain damage and how damage to particular parts of the brain ③<u>known</u> to be responsible for particular cognitive functions ④<u>impact</u> on decision making. One example of this research is the work of Antonio Damasio, ⑤<u>who</u> finds that when the emotional part of the brain is damaged, this actually ⑥<u>reduces</u> the efficacy of decision making. Good decisions are a product of the ⑦<u>emotional</u> part of the brain ⑧<u>works</u> in conjunction with the deliberative part. This ⑨<u>contradicts</u> the assumptions of conventional economics, ⑩<u>where</u> emotions play a negative role in the decision-making process. Here it is assumed that decision making can be modeled as being generated in a stoic, ⑪<u>emotional</u> fashion, and that's ⑫<u>because</u> decisions tend to be optimal. But the evidence suggests that ⑬<u>emotions</u> actually play an important and, often, a ⑭<u>negative</u> role in decision making.

기호	어색한 표현		올바른 표현
( )	__________	➔	__________
( )	__________	➔	__________
( )	__________	➔	__________
( )	__________	➔	__________
( )	__________	➔	__________

21. 밑줄 부분 중 어법, 혹은 문맥상 어휘의 쓰임이 어색한 것을 올바르게 고쳐 쓰시오. (5개) *2025_H2_06_41~42*

Shoppers ①<u>confronted</u> with the choice of thirty different varieties of gourmet chocolates are ②<u>less</u> likely to walk away without buying any, compared with when they ③<u>present</u> only half a dozen choices. If employees are given a free trip to Paris, they are happy. If you give them a free trip to Hawaii, they are happy. But if you offer them the choice between the two destinations, they are less happy, no matter ④<u>how</u> they choose. Why might choice be so ⑤<u>disruptive</u> ? The reason is that choice forces us to make comparisons and acknowledge relative ⑥<u>advantage</u>. People who choose Paris complain that it doesn't have the ocean and those who choose Hawaii regret that it doesn't have the museums. Psychologist Barry Schwartz calls this the ' ⑦<u>tyranny</u> of choice' because rather than providing freedom, it actually ⑧<u>constrains</u> our decision-making. He argues that ⑨<u>wider</u> choice increases unhappiness because we worry that we are going to make the ⑩<u>wrong</u> decision and so we get stressed about trying to process all the comparisons in an effort to get it right. This both increases our ⑪<u>fear</u> of making the wrong choice and ⑫<u>raises</u> expectations that we should be able to get the best choice. ⑬<u>Having made</u> the choice, we then start to ⑭<u>forget</u>, wondering whether it was the right one.

기호	어색한 표현		올바른 표현
( )	__________	➔	__________
( )	__________	➔	__________
( )	__________	➔	__________
( )	__________	➔	__________
( )	__________	➔	__________

22. 밑줄 부분 중 어법, 혹은 문맥상 어휘의 쓰임이 어색한 것을 올바르게 고쳐 쓰시오. (5개) 2025_H2_06_43~45

As the train pulled into a quiet countryside station, the gentle chatter of passengers filled the air. Linda was ① <u>exciting</u> to finally visit her grandparents after two years. She watched people getting onto the train and hurriedly finding their ② <u>sits</u>. A moment later, an elderly woman struggled with a heavy bag, trying to sit down next to her. The bag seemed almost too big for her small body. Linda hesitated, unsure if the elderly woman would want her help. But soon, she chose to assist the woman. "Let me help you with your bag," she said. Before she could reach the bag, the elderly woman suddenly lost her balance and fell down. She ③ <u>laid</u> on her back, and her face was pale. Linda froze for a moment, ④ <u>felt</u> the urgency of the situation. She quickly knelt down beside the fallen woman, as a few people rushed over. Linda carefully tapped the elderly woman's shoulder to check if she was alright. The woman groaned softly, trying to gather her strength. Linda moved closer, sliding a hand under the woman's back. As the woman's eyes slowly opened, she reassured her softly, "It's okay, just relax for a moment." Linda helped the woman sit up slowly, then guided her back to her ⑤ <u>sit</u>. As the situation settled, people around went back to their seats. As the elderly woman finally calmed down, she looked at Linda with a smile. "I'm so sorry," she said. "I have low blood pressure, and the sudden movement of the train ⑥ <u>must</u> have made me feel dizzy. Thank you so much for helping me." Linda nodded gently in response, then turned her gaze back to the peaceful countryside scene. She thought that no matter how unsure she might feel, even the smallest act of help is much better for someone in need than doing nothing.

기호	어색한 표현		올바른 표현
( )	__________	➜	__________
( )	__________	➜	__________
( )	__________	➜	__________
( )	__________	➜	__________
( )	__________	➜	__________

2025 고2 6월 모의고사

❶ voca ❷ text ❸ [/] ❹ _____ ❺ quiz 1 ❻ quiz 2 ❼ quiz 3 ❽ quiz 4 ❾ quiz 5

☑ **다음 글을 읽고 물음에 답하시오.** 2025_H2_06_18

Dear Ms. Lopez,We want to ^{표현하다} _________ our ^{감사} _________ for your ^{헌신} _________ as a Spanish instructor. ⓐ <u>With except teaching skills, you have barely improving our students' progress and confidence in Spanish.</u> As the year is about to end, it is time for us to ^{되짚어보다} _________ on your ^{기여} _________ and ^{고려하다} _________ the ^{갱신} _________ of your ^{계약} _________ . Given your positive impact, we would like to ^{제안하다} _____ an ^{연장} _________ of your contract for the next academic year. (가) <u>우리는 당신의 지속적인 참여가 우리 학생들의 학습 경험과 학업 성취를 더욱 향상시킬 것이라 믿습니다.</u> We look forward to your response.Sincerely,James MartinPrincipal

1. 힌트를 참고하여 각 빈칸에 알맞은 단어를 쓰시오.

2. 밑줄 친 ⓐ에서, 어법 혹은 문맥상 어색한 부분을 찾아 올바르게 고쳐 쓰시오.

   ⓐ   잘못된 표현   바른 표현

   (   ) ⇨ (   )

   (   ) ⇨ (   )

   (   ) ⇨ (   )

3. 위 글에 주어진 (가)의 한글과 같은 의미를 가지도록, 각각의 주어진 단어들을 알맞게 배열하시오.

(가) experience / believe / and academic / We / involvement / learning / your / achievement. / our students' / will further / continued / enhance

---

☑ **다음 글을 읽고 물음에 답하시오.** 2025_H2_06_19

Peter stepped out of the ^{얼어붙을 듯한} _________ night air and into the brightly lit hospital lobby, holding his three-year-old ^딸 _________ in his arms. (가) <u>강렬한 조명이 그녀를 훨씬 더 아파 보이게 만들었고, 그녀의 얼굴은 온통 빨갛고 땀으로 젖어 있었다.</u> Her ^열 _____ had started suddenly, just before dinner, but it wouldn't go down despite his ^{노력} _________ . ⓐ <u>At the front desk, he to explain her symptoms, his concerning growing with each moment.</u> They were quickly led to the doctor, who ^{안심시키다} _________ him and ^{세심히} _________ examined his daughter. After the doctor gave her a shot, her fever went down and she seemed more comfortable. As Peter watched her sleep ^{평화롭게} _________ that night, he felt a ^{물결} _____ of calm wash over him.

4. 힌트를 참고하여 각 빈칸에 알맞은 단어를 쓰시오.

5. 밑줄 친 ⓐ에서, 어법 혹은 문맥상 어색한 부분을 찾아 올바르게 고쳐 쓰시오.

   ⓐ   잘못된 표현   바른 표현

   (   ) ⇨ (   )

   (   ) ⇨ (   )

   (   ) ⇨ (   )

6. 위 글에 주어진 (가)의 한글과 같은 의미를 가지도록, 각각의 주어진 단어들을 알맞게 배열하시오.

(가) red / look / unwell, / her face / made her / The harsh / even more / all / light / and sweaty.

☑ 다음 글을 읽고 물음에 답하시오. 2025_H2_06_20

Imagine you have the best tea in the world and you put it into a bag that's ^{스며들지 않는} ___________ . It won't work. You just won't be able to make a cup of tea. For the teabag to work, it needs to be ^{구멍이 많은} _______ . (가) <u>당신은 차와 물이 서로 접촉할 수 있도록 해야 한다.</u> In our lives too, we cannot ^{생존하다} ________ and ^{성장하다} _______ in isolation. Leaders need to be careful not to build walls around themselves that ^{막다} ________ people from reaching out to them. ⓐ <u>As a leader, you needless to be able to touching the other people.</u> The tea was meant to mix with the water. Similarly all of us were designed to work with other people, with teams, and with society at large.

7. 힌트를 참고하여 각 <u>빈칸에</u> 알맞은 단어를 쓰시오.

8. 밑줄 친 ⓐ에서, 어법 혹은 문맥상 어색한 부분을 찾아 올바르게 고쳐 쓰시오.

    ⓐ   잘못된 표현   바른 표현

    (   ) ⇨ (   )

    (   ) ⇨ (   )

    (   ) ⇨ (   )

9. 위 글에 주어진 (가)의 한글과 같은 의미를 가지도록, 각각의 주어진 단어들을 알맞게 배열하시오.

(가) each / the tea / need / in / and the water / contact with / other. / You / to / come

☑ 다음 글을 읽고 물음에 답하시오. 2025_H2_06_21

ⓐ <u>It is difficult, if not impossible, to defining the limits which reason should to impose on the desire for wealth; for there is no absolute or finite amount of wealth which will satisfy a man.</u> The amount is always ^{상대적인} _________ , that is to say, just so much as will ^{유지하다} ________ the ^{비율} _________ between what he wants and what he gets; for to ^{측정하다} ________ a man's ^{행복} _________ only by what he gets, and not also by what he ^{기대하다} _______ to get, is as ^{무의미한} _________ as to try and ^{표현하다} ________ a ^{분수} _______ which shall have a ^{분자} _________ but no denominator. A man never feels the ^{상실감} _____ of things which it never ^{발생하다} ________ to him to ask for; he is just as happy without ·them; whilst another, who may have a hundred times as much, feels miserable because he has not got the one thing he wants. (가) <u>사실, 모든 사람은 그만의 지평선을 가지고 있으며, 그는 그가 얻을 수 있다고 생각하는 만큼을 기대할 것이다.</u>

10. 힌트를 참고하여 각 <u>빈칸에</u> 알맞은 단어를 쓰시오.

11. 밑줄 친 ⓐ에서, 어법 혹은 문맥상 어색한 부분을 찾아 올바르게 고쳐 쓰시오.

    ⓐ   잘못된 표현   바른 표현

    (   ) ⇨ (   )

    (   ) ⇨ (   )

    (   ) ⇨ (   )

12. 위 글에 주어진 (가)의 한글과 같은 의미를 가지도록, 각각의 주어진 단어들을 알맞게 배열하시오.

(가) get. / will / every / thinks / man / of his own, / as / In fact, / a horizon / to / expect / possible / for him / has / much / it is / and he / he / as

☑ **다음 글을 읽고 물음에 답하시오.** 2025_H2_06_22

All of the restaurants are using 신중하게 __________ chosen words to 불러일으키다 ______ vivid mental images of delicious food and 풍부한 ______ desserts in order to 끌어들이다 ______ the 잠재적 __________ customer to their particular establishment. (가) 음식점들과 같이, 자연도 자신만의 식당을 가지고 있다. In a fashion similar to the restaurants' 재정적 __________ 의존 __________ upon drawing in many customers, the restaurateurs of the natural world (i.e., flowers) must also 유혹하다 ________ 잠재적 __________ diners to 맛보다 ______ their offerings. ⓐ <u>In the natural world, there are no neon signs or flashy words in what to market a potential meal to hungry animals. These restaurants what I am referring to are the world's flowers, and the potential guests are the host of organisms that to visit flowers to obtain nectar and other valueless resources.</u> Instead of using a written language or neon sign, they 광고하다 __________ their offerings just as 효과적으로 __________ using the language of smell.

13. 힌트를 참고하여 각 빈칸에 알맞은 단어를 쓰시오.

14. 밑줄 친 ⓐ에서, 어법 혹은 문맥상 어색한 부분을 찾아 올바르게 고쳐 쓰시오.

   ⓐ   잘못된 표현   바른 표현

   (   ) ⇨ (   )

   (   ) ⇨ (   )

   (   ) ⇨ (   )

   (   ) ⇨ (   )

15. 위 글에 주어진 (가)의 한글과 같은 의미를 가지도록, 각각의 주어진 단어들을 알맞게 배열하시오.

(가) dining / Just / its own / the restaurants, / like / establishments. / nature / has

☑ **다음 글을 읽고 물음에 답하시오.** 2025_H2_06_23

Would you rather 받다 ______ $1,000 in a year or $1,100 in a year and a month? Most people will 선택하다 ____ for the larger sum in thirteen months — where else will you find a monthly 이자 __________ 비율 ______ of 10 percent. (가) 현명한 선택인데, 왜냐하면 추가로 몇 주를 기다림으로써 당신이 직면하는 어떤 위험에 대해서도 이자가 당신에게 충분히 보상해 줄 것이기 때문이다. Second question: Would you 선호하다 ______ $1,000 today cash on the table or $1,100 in a month? If you think like most people, you'll take the $1,000 right away. This is amazing. In both cases, if you hold out for just a month longer, you get $100 more. In the first case, it's simple enough. You figure: "I've already waited twelve months; what's one more?" Not in the second case. The 도입 __________ of "now" causes us to make 일관성 없는 __________ decisions. Science calls this 현상 __________ hyperbolic discounting. ⓐ <u>The further a reward is, the higher our "emotional interest rate" risen and the more we are willing to gave up in exchange for it.</u>

16. 힌트를 참고하여 각 빈칸에 알맞은 단어를 쓰시오.

17. 밑줄 친 ⓐ에서, 어법 혹은 문맥상 어색한 부분을 찾아 올바르게 고쳐 쓰시오.

   ⓐ   잘못된 표현   바른 표현

   (   ) ⇨ (   )

   (   ) ⇨ (   )

   (   ) ⇨ (   )

18. 위 글에 주어진 (가)의 한글과 같은 의미를 가지도록, 각각의 주어진 단어들을 알맞게 배열하시오.

(가) you / since / by / A wise / face / the interest / waiting / will / for / the extra / you generously / choice, / compensate / few weeks. / any risks

☑ 다음 글을 읽고 물음에 답하시오. 2025_H2_06_24

Of central 중요 __________ for understanding the 발달 __________ of handedness is the answer to the question of when in 발달 과정 __________ it is actually 결정되는 __________ whether a child will be left-handed or right-handed. It was long thought that handedness could only be 확실히 ________ determined in elementary school, when a child learns to write. However, this 가정 __________ is incorrect. ⓐ In fact, scientific studies showing that left-handedness is to establish in many children long before elementary school — interestingly, even after birth in most people. In such studies, the hand and arm 움직임 __________ of unborn children in the 자궁 _____ are recorded using ultrasound images. (가) 이 기술을 사용하여, 오른팔 움직임에 대한 명확한 선호가 수정 후 10주만큼 일찍 존재한다는 것이 밝혀졌다. In this study, ultrasound images of 72 unborn children 10 weeks after 수정 __________ were 평가된 __________ and 85% showed more movements of the right arm than the left. This number is already very close to the 대략 __________ 89.4% right-handers among adults.

19. 힌트를 참고하여 각 빈칸에 알맞은 단어를 쓰시오.

20. 밑줄 친 ⓐ에서, 어법 혹은 문맥상 어색한 부분을 찾아 올바르게 고쳐 쓰시오.

   ⓐ   잘못된 표현   바른 표현

   (   ) ⇨ (   )

   (   ) ⇨ (   )

   (   ) ⇨ (   )

21. 위 글에 주어진 (가)의 한글과 같은 의미를 가지도록, 각각의 주어진 단어들을 알맞게 배열하시오.

(가) it / Using / as / the movement / a clear / exists / that / after / for / early / as / of the / preference / right / arm / was shown / fertilization. / this technique, / 10 weeks

☑ 다음 글을 읽고 물음에 답하시오. 2025_H2_06_25

The graph above shows US dairy product 수입 ________ in 선정된 ________ countries from 2018 to 2020. (가) 위의 네 국가 중, 멕시코는 2018년부터 2020년까지 일관되게 가장 높은 미국 유제품 수입액을 기록했다. However, US dairy product imports in Mexico decreased from 2019 to 2020, while the 반대 ________ was true in the other three countries during the same period. In Indonesia, US dairy product imports in 2020 were more than twice those in 2018. ⓐ The increase in US dairy product exports in the Philippines from 2018 to 2019 being smaller then that in Indonesia in the same period. China was the only 국가 ________ where imports of US dairy products 떨어진 ________ between 2018 and 2019.

22. 힌트를 참고하여 각 빈칸에 알맞은 단어를 쓰시오.

23. 밑줄 친 ⓐ에서, 어법 혹은 문맥상 어색한 부분을 찾아 올바르게 고쳐 쓰시오.

   ⓐ   잘못된 표현   바른 표현

   (   ) ⇨ (   )

   (   ) ⇨ (   )

   (   ) ⇨ (   )

24. 위 글에 주어진 (가)의 한글과 같은 의미를 가지도록, 각각의 주어진 단어들을 알맞게 배열하시오.

(가) imports / countries / of US / the highest / above, / dairy products / the four / Mexico / consistently / from / 2018 to 2020. / Among / recorded

☑ **다음 글을 읽고 물음에 답하시오.** ^{2025_H2_06_26}

Filippo Brunelleschi is considered to be the founding father of Renaissance architecture. He was born in Florence in 1377. ⓐ <u>Filippo were artistically talented, and trainee as a goldsmith and a clockmaker before to become an architect.</u> When he was around 25, he ^{여행을 간} _________ to Rome with his friend, the ^{조각가} _________ Donatello, where he studied the ^{유적} _______ of ^{고대의} _______ Roman buildings. (가) <u>그의 첫 번째 건축 임무는 Ospedale degli Innocenti였고, 그것은 위대한 르네상스 건물들 중 하나이다.</u> A number of other fine works, including ^{예배당} _________ in Florentine churches, ^{공고히 한} ___________ his ^{명성} _________ . And the stunning dome of Il Duomo is his masterpiece. He also designed ^{기계} _________ to ^{제작하다} _______ special effects in ^{연극의} _________ productions. He died in Florence and was buried in Il Duomo.

25. 힌트를 참고하여 각 빈칸에 알맞은 단어를 쓰시오.

26. 밑줄 친 ⓐ에서, 어법 혹은 문맥상 어색한 부분을 찾아 올바르게 고쳐 쓰시오.

　ⓐ　　　잘못된 표현　　　　　　바른 표현

　(　　　　　　　) ⇨ (　　　　　　　)

　(　　　　　　　) ⇨ (　　　　　　　)

　(　　　　　　　) ⇨ (　　　　　　　)

27. 위 글에 주어진 (가)의 한글과 같은 의미를 가지도록, 각각의 주어진 단어들을 알맞게 배열하시오.

(가) His / architectural / was / first / is / the great / buildings. / one of / which / the Ospedale degli Innocenti, / Renaissance / commission

☑ **다음 글을 읽고 물음에 답하시오.** ^{2025_H2_06_27}

Youth Leaders Camp(가) <u>이 캠프는 여러분의 리더십을 향상하기 위한 연례 행사입니다.</u>We look forward to meeting you soon in Canada.Dates: July 5 – 7, 2025Ages: 17 – 19Place: ^{대학교} _________ of DrakemontPrograms- Day 1: Team Building & Leadership Skills Workshop- Day 2: ^{문화} _______ Tour- Day 3: Leadership Project Planning & Presentations^{참가} ___________ Fee: $700Notesⓐ <u>– Registration is only inavailable offline at www.ylc2025.com.– Participation fee excludes everything except for the flight tickets to Canada.</u>For more information, please visit our website.

28. 힌트를 참고하여 각 빈칸에 알맞은 단어를 쓰시오.

29. 밑줄 친 ⓐ에서, 어법 혹은 문맥상 어색한 부분을 찾아 올바르게 고쳐 쓰시오.

　ⓐ　　　잘못된 표현　　　　　　바른 표현

　(　　　　　　　) ⇨ (　　　　　　　)

　(　　　　　　　) ⇨ (　　　　　　　)

　(　　　　　　　) ⇨ (　　　　　　　)

30. 위 글에 주어진 (가)의 한글과 같은 의미를 가지도록, 각각의 주어진 단어들을 알맞게 배열하시오.

(가) an annual / event / This / improve / is / your / leadership. / camp / to

☑ **다음 글을 읽고 물음에 답하시오.** 2025_H2_06_28

(가) <u>뛰고, 걷고, 쓰레기를 줍고, 지구를 보존하세요!</u>When: September 13, 2025Where: Lake UnionDetails- The event starts at 11:00 a.m.- There is no 참가 __________ fee.- You'll walk and run around the 호수 _____ while picking up trash.Notes@ – <u>Wear comforting athletic clothes and ran shoes for your safety.- Garbage bags will be provide .</u>- If it rains, the event will be 취소되는 _________ .If you have any questions, please email us at information@ploggingrun.org.

31. 힌트를 참고하여 각 <u>빈칸에 알맞은</u> 단어를 쓰시오.

32. 밑줄 친 @에서, 어법 혹은 문맥상 어색한 부분을 찾아 올바르게 고쳐 쓰시오.

　　@　　　잘못된 표현　　　　　　　바른 표현
　　(　　　　　　　　) ⇨ (　　　　　　　　)
　　(　　　　　　　　) ⇨ (　　　　　　　　)
　　(　　　　　　　　) ⇨ (　　　　　　　　)

33. 위 글에 주어진 (가)의 한글과 같은 의미를 가지도록, 각각의 주어진 단어들을 알맞게 배열하시오.

(가) pick / conserve / Jog, / trash, / the Earth! / and / up / walk,

☑ **다음 글을 읽고 물음에 답하시오.** 2025_H2_06_29

@ <u>In art, there are the number of ways to use perspective to obtaining the illusion of depth, included using colors and graduated values of black and white, and accurately drew the subject by applies the rules of the geometric system of perspective.</u> In order to 달성하다 _______ perspective, you must make a number of 관찰 ___________ . (가) <u>당신이 평면에 그리는 형태나 물체는 실제로 실생활에서는 깊이와 차원이 있다.</u> As you 보다 _____ them and place their shapes and 형태 _____ on a drawing surface, try to represent that depth to make the objects 보이다 _______ 현실적인 ________ and three-dimensional. Objects appear differently when viewed from 다양한 _______ positions. Because of this, it's important to 확립하다 ________ the viewpoint, and stick with it. When observing a subject, you see depth and three dimensions. When you draw this subject onto a flat 표면 _______ as it appears to the eye, you are drawing in perspective.

34. 힌트를 참고하여 각 <u>빈칸에 알맞은</u> 단어를 쓰시오.

35. 밑줄 친 @에서, 어법 혹은 문맥상 어색한 부분을 찾아 올바르게 고쳐 쓰시오.

　　@　　　잘못된 표현　　　　　　　바른 표현
　　(　　　　　　　　) ⇨ (　　　　　　　　)
　　(　　　　　　　　) ⇨ (　　　　　　　　)
　　(　　　　　　　　) ⇨ (　　　　　　　　)
　　(　　　　　　　　) ⇨ (　　　　　　　　)
　　(　　　　　　　　) ⇨ (　　　　　　　　)

36. 위 글에 주어진 (가)의 한글과 같은 의미를 가지도록, 각각의 주어진 단어들을 알맞게 배열하시오.

(가) a flat / or objects / actually have / and dimension / draw / you / depth / The forms / that / surface / on / in real life.

☑ **다음 글을 읽고 물음에 답하시오.** 2025_H2_06_30

Low oil prices are a good thing, because it means lower energy costs of ^{생산} __________ for the ^{대다수의} ________ of industries, not least the ^{자동차} __________ and the ^{물류 관리} __________ industries. (가) <u>회사들은 생산 및 서비스 제공 비용의 감소로 직접적으로 혜택을 본다.</u> This has the effect of ^{자극하는} __________ the ^{전체의} __________ supply and provides a ^{자극} ________ for growth. ⓐ <u>Conversely, a sudden fall in oil prices due to a shrink in oil product is never good news, even though it definitely to give a big boost to the energy sector.</u> A look through the history of oil price ^{변동} __________ ^{확증하다} ________ this notion, as this has been the ^{주제} ________ of much economic research. Following an oil price jump of 10 per cent due to a ^{축소} __________ in supply, an economy (as typified by the US economy) ^{일반적으로} __________ sees its output (GDP) slowed by close to 1 percentage point. For a $15 ^{조(숫자)} ________ economy, that is a loss of $150 billion in ^{잠재적} __________ wealth or economic growth. Conversely, there has never been much ^{우려} ________ with oil price decreases following an ^{과잉} ________ in its supply.

37. 힌트를 참고하여 각 빈칸에 알맞은 단어를 쓰시오.

38. 밑줄 친 ⓐ에서, 어법 혹은 문맥상 어색한 부분을 찾아 올바르게 고쳐 쓰시오.

　　ⓐ　　　　잘못된 표현　　　　　　　바른 표현

　　(　　　　　　　) ⇨ (　　　　　　　)

　　(　　　　　　　) ⇨ (　　　　　　　)

　　(　　　　　　　) ⇨ (　　　　　　　)

39. 위 글에 주어진 (가)의 한글과 같은 의미를 가지도록, 각각의 주어진 단어들을 알맞게 배열하시오.

(가) and provision / in / Firms / from / of production / the decrease / benefit / directly / their costs / of services.

☑ **다음 글을 읽고 물음에 답하시오.** 2025_H2_06_31

We might forget an ^{일화} __________ about a stranger because it makes few ^{연관성} __________ with our existing ^{연상} __________ , but we won't forget a piece of ^{소문} ______ about our cousin. There's one complex network that is larger and quicker to ^{접근하다} ______ than all others — the self. We've been thinking about ourselves in our whole lives. (In fact, there were entire years during junior high when we weren't ^{할 수 있는} ________ of thinking about much else.) ⓐ <u>So if a new piece of information has nothing to do with us, it will be more easily and through processed.</u> It hits even closer to home than our actual home — we can take a ^{휴가} __________ away from our home, but not from ourselves. (가) <u>가장 효과적인 의사소통자는 추상적인 것을 개인적으로 만드는 방법을 찾는다.</u> Consider the warning that law schools give to ^{동기 부여하다} ________ first-year law students concerning the ^{엄격함} ______ of their program. Hearing that "the first-year dropout rate is 33%" is an ^{추상적인} ________ statistic. "Look to your left, look to your right. One of the three of you won't be joining us next fall" wakes up the self.

40. 힌트를 참고하여 각 빈칸에 알맞은 단어를 쓰시오.

41. 밑줄 친 ⓐ에서, 어법 혹은 문맥상 어색한 부분을 찾아 올바르게 고쳐 쓰시오.

　　ⓐ　　　　잘못된 표현　　　　　　　바른 표현

　　(　　　　　　　) ⇨ (　　　　　　　)

　　(　　　　　　　) ⇨ (　　　　　　　)

42. 위 글에 주어진 (가)의 한글과 같은 의미를 가지도록, 각각의 주어진 단어들을 알맞게 배열하시오.

(가) communicators / find / The most / to / personal. / effective / ways / the abstract / make

☑ 다음 글을 읽고 물음에 답하시오. 2025_H2_06_32

Steve Jobs used ^{유사성} ________ to get people to embrace the new technology. Before computers, people worked in a physical world. We used paper and pens and physical file folders and so on. The idea of working in a virtual world was ^{혁신적으로} _________ different. Or at least seemed ^{혁신적으로} __________ different. (가) <u>Jobs가 이해한 것은 물리적인 사무실이 근본적으로 가상 사무실과 유사하다는 것이었다.</u> To win over the ^{대중들} ________ , Jobs drew strong ^{유사성} _________ between the ^{전통적인} __________ workplace people knew well with the new, unfamiliar virtual workplace. In the pre-computer workplace, when ideas were written on paper it was called . . . a document. When those documents needed to be ^{저장하는} ________ they were put in . . . a folder. And those folders were kept on . . . a desk. ⓐ <u>Documents, folders, and desktops are the terms we using in our virtual work because Steve Jobs understanding what using unfamiliar terms would make the new technology easier to understand.</u> The ^{유사점} _________ between the physical and virtual workplace now seem ^{분명한} ________ .

43. 힌트를 참고하여 각 빈칸에 알맞은 단어를 쓰시오.

44. 밑줄 친 ⓐ에서, 어법 혹은 문맥상 어색한 부분을 찾아 올바르게 고쳐 쓰시오.

  ⓐ   잘못된 표현   바른 표현
  (   ) ⇨ (   )
  (   ) ⇨ (   )
  (   ) ⇨ (   )
  (   ) ⇨ (   )

45. 위 글에 주어진 (가)의 한글과 같은 의미를 가지도록, 각각의 주어진 단어들을 알맞게 배열하시오.

(가) was / understood / was / a physical / What / fundamentally similar / Jobs / to a virtual / office / that / office.

☑ 다음 글을 읽고 물음에 답하시오. 2025_H2_06_33

Turtle hatchlings have, it seems, ^{진화한} ________ to ^{기어가다} ______ toward the light. ⓐ <u>For millions of years this was a highly irrational and effective strategy because the light on a dark beach representing the reflex of the moon and stars on the water's surface.</u> Following the lights led baby turtles back home to the sea. (가) <u>문제는 인간이 해변 반대편에 해변가 주택과 번쩍이는 호텔을 짓기 시작할 때 시작되었다.</u> Now after hatching, turtles heading for the brightest ^{가까운} ________ lights were being guided straight into traffic. Are self-destructive sea turtles ^{자연적으로} _________ irrational? Yes, in the modern world. But there's a deeper truth. Turtles are basing their decisions on simple cues that were perfectly ^{이성적인} ________ for their ancestors; these days, however, their ^{진화된} ________ decision-making mechanisms are being blinded by modern lights.

46. 힌트를 참고하여 각 빈칸에 알맞은 단어를 쓰시오.

47. 밑줄 친 ⓐ에서, 어법 혹은 문맥상 어색한 부분을 찾아 올바르게 고쳐 쓰시오.
  ⓐ   잘못된 표현   바른 표현
  (   ) ⇨ (   )
  (   ) ⇨ (   )
  (   ) ⇨ (   )

48. 위 글에 주어진 (가)의 한글과 같은 의미를 가지도록, 각각의 주어진 단어들을 알맞게 배열하시오.

(가) humans / side / of the beach. / and sparkling hotels / when / The problems / building / began / beachfront homes / on / started / the other

☑ 다음 글을 읽고 물음에 답하시오. 2025_H2_06_34

Sensory organs are the only channels of ^{소통} ___________ between the brain and the outside world. Simply put, the brain is not designed to sense on its own. For instance, an ^{노출된} ________ brain would neither ^{감지하다} _______ light shining on it nor feel something touching it. In fact, patients are often kept awake during brain surgery, which can help a surgeon ^{분리하다} ________ specific ^{영역} ________ of the brain. ⓐ <u>The ancient Greek philosopher Aristotle to recognize this characteristic of the brain over 2,000 years ago during he said, "Nothing is in the mind what does not pass through the senses."</u> (가) <u>이 개념은 지원자들이 눈이 가려지고 감각 차단 수조의 따뜻한 물 속에 놓였을 때 명확하게 보여질 수 있다.</u> They soon experience visual, auditory, and tactile (touch) ^{환각} ______________, as well as ^{일관성 없는} ___________ thought patterns. From these experiments and others, it is ^{명백한} _________ that we need ^{지속적인} _________ ^{입력} ______ from our senses to carry out functions that give us ^{성격} ___________ and ^{지성} __________ .

49. 힌트를 참고하여 각 빈칸에 알맞은 단어를 쓰시오.

50. 밑줄 친 ⓐ에서, 어법 혹은 문맥상 어색한 부분을 찾아 올바르게 고쳐 쓰시오.
ⓐ 　　　잘못된 표현　　　　　　　　바른 표현
　(　　　　　　　　) ⇨ (　　　　　　　　　)
　(　　　　　　　　) ⇨ (　　　　　　　　　)
　(　　　　　　　　) ⇨ (　　　　　　　　　)

51. 위 글에 주어진 (가)의 한글과 같은 의미를 가지도록, 각각의 주어진 단어들을 알맞게 배열하시오.

(가) are blind-folded / of a sensory / volunteers / when / be seen clearly / concept / the warm / tank. / can / and placed / water / in / This / deprivation

---

☑ 다음 글을 읽고 물음에 답하시오. 2025_H2_06_35

The writer and ^{동물학자} ________ Desmond Morris observed that our feet ^{소통하다} ___________ exactly what we think and feel more ^{정직하게} ________ than any other part of our bodies. Why are the feet and legs such ^{정확한} ________ ^{반사경} __________ of our ^{감정} _________ ? ⓐ <u>For millions of years, long after humans spoke, our legs and feet reacting to environmental threats (e.g., hot sand, ill-tempered lions) instantaneously, without the need for unconscious thought.</u> Our ^{변연계} ______ brains made sure that our feet and legs reacted as needed by either ceasing motion, running away, or kicking at a potential threat. (가) <u>이러한 생존 양생법은, 우리 조상의 유산으로부터 유지되었으며, 우리에게 도움이 되어 왔고 오늘날에도 계속 그러하다.</u> In fact, these age-old reactions are still so ^{굳어진} _________ in us that when we are presented with something dangerous or even disagreeable, our feet and legs still ^{반응하다} ______ as they did in ^{선사시대의} __________ times.

52. 힌트를 참고하여 각 빈칸에 알맞은 단어를 쓰시오.

53. 밑줄 친 ⓐ에서, 어법 혹은 문맥상 어색한 부분을 찾아 올바르게 고쳐 쓰시오.
ⓐ 　　　잘못된 표현　　　　　　　　바른 표현
　(　　　　　　　　) ⇨ (　　　　　　　　　)
　(　　　　　　　　) ⇨ (　　　　　　　　　)
　(　　　　　　　　) ⇨ (　　　　　　　　　)

54. 위 글에 주어진 (가)의 한글과 같은 의미를 가지도록, 각각의 주어진 단어들을 알맞게 배열하시오.

(가) served us / well / to / heritage, / has / our ancestral / do so today. / This survival / and continues / regimen, / from / retained

☑ 다음 글을 읽고 물음에 답하시오. 2025_H2_06_36

The ^(전환) __________ from an ^(구전의) _____ culture, in which knowledge was handed down through stories, songs, and ^(도제 제도) ______________ , to a literate one, based on the written word, was held back for centuries by the lack of ^(적절한) ________ writing material. (가) 석판과 점토판이 사용되었지만, 그것들은 깨지기 쉽고 운반하기에는 부피가 크고 무거웠다. Wood suffers from splitting and is ^(민감한) __________ to decay. Wall paintings are ^(고정된) _______ and space is limited. @ <u>The invent of paper, said to be one of the four worst inventions of the Chinese, to solve these problems, but it wasn't until the Romans replacing the scroll with the codex — or, as we call it now, the book — that the material reach its full potential.</u> That was two thousand years ago, and it is still a ^(지배적인) ________ form of the written word. That paper, a much softer material than either stone or wood, won out as the ^(수호자) ________ of the written word is a remarkable materials story.

55. 힌트를 참고하여 각 빈칸에 알맞은 단어를 쓰시오.

56. 밑줄 친 @에서, 어법 혹은 문맥상 어색한 부분을 찾아 올바르게 고쳐 쓰시오.

@   잘못된 표현   바른 표현
(   ) ⇨ (   )
(   ) ⇨ (   )
(   ) ⇨ (   )
(   ) ⇨ (   )
(   ) ⇨ (   )

57. 위 글에 주어진 (가)의 한글과 같은 의미를 가지도록, 각각의 주어진 단어들을 알맞게 배열하시오.

(가) Stone / were / and were / and heavy / were / fracture / prone to / to / but they / transport. / bulky / and clay tablets / used,

---

☑ 다음 글을 읽고 물음에 답하시오. 2025_H2_06_37

A reason for a conclusion is very unlikely to ^(이루어지다) ________ in a single claim. No matter how we might ^(진술하다) ______ it in short-hand, it is, analytically, a ^(복잡한) ________ interaction of many ideas and ^(함의) ___________ . (가) 그 이유는 더 정확한 전제들의 연결 고리로 나누어져야 한다. For example, the claim that 'university education should be free for all Australians' might be ^(뒷받침하는) __________ by the reason that 'the economy benefits from a well-educated Australian population'. But is our analysis of the situation clearly ^(표현된) __________ in just one statement? Hardly. @ <u>The conclusion is about universities and free education, during the reason to introduce some new ideas: economic benefit and a well-educated population,</u> While the link between these two ideas and the conclusion might seem ^(명확한) ________ , the purpose of reasoning is to ^(피하다) ______ assuming the 'obvious' by carefully working through the connections between the various ideas in the ^(초기) ________ statement of our reason.

58. 힌트를 참고하여 각 빈칸에 알맞은 단어를 쓰시오.

59. 밑줄 친 @에서, 어법 혹은 문맥상 어색한 부분을 찾아 올바르게 고쳐 쓰시오.

@   잘못된 표현   바른 표현
(   ) ⇨ (   )
(   ) ⇨ (   )

60. 위 글에 주어진 (가)의 한글과 같은 의미를 가지도록, 각각의 주어진 단어들을 알맞게 배열하시오.

(가) premises. / more / must / into / precise / a chain of / down / The reason / be broken

☑ 다음 글을 읽고 물음에 답하시오. 2025_H2_06_38

The word "migration" is almost always 보도된 __________ in the popular media and even in scientific literature as a problem or a 위기 ________ . For example, migrants are assumed to 과밀화하다 __________ cities, clog up labor markets, and increase poverty. The other questionable 가정 __________ is that most migration is 본의가 아닌 ___________ — people 떠나는 ________ natural or man-made disasters. The reality, however, is more complex, and many migrants are simply seeking greater economic opportunity. Of course migration can and does 일으키다 ________ social and economic problems. (가) <u>하지만 이주는 또한 많은 기존의 문제에 대한 해결책이 될 수 있다.</u> For example, out-migration generally 재분배하다 ____________ workers from places of labor 과잉 ________ to areas where there is greater 수요 ______ or more opportunity. ⓐ <u>Migration is generally selecting of persons who are younger, healthier, more flexible, and more willing to ensure hardship in hopes of a better life relating to their prospects in their places of origin.</u> Most research that 조사하다 ________ long-term 결과 ________ of migration, including 송금 __________ and 세대 간의 ______________ mobility, finds positive "long-term" effects on places of 본거지 ________ and destination.

61. 힌트를 참고하여 각 빈칸에 알맞은 단어를 쓰시오.

62. 밑줄 친 ⓐ에서, 어법 혹은 문맥상 어색한 부분을 찾아 올바르게 고쳐 쓰시오.
　　ⓐ　　　잘못된 표현　　　　　　바른 표현
　　(　　　　　　　　) ⇨ (　　　　　　　　　)
　　(　　　　　　　　) ⇨ (　　　　　　　　　)
　　(　　　　　　　　) ⇨ (　　　　　　　　　)

63. 위 글에 주어진 (가)의 한글과 같은 의미를 가지도록, 각각의 주어진 단어들을 알맞게 배열하시오.

(가) preexisting / for many / a solution / problems. / can / But / migration / also be

---

☑ 다음 글을 읽고 물음에 답하시오. 2025_H2_06_39

The big problem with money created by the 정부 __________ is that those who run the 정부 __________ always 직면하다 ______ the 유혹 __________ to create more money and 소비하다 ______ it. Whether among ancient kings or 현대의 ______ politicians, this has happened again and again over the centuries, leading to inflation and the many economic and social problems that 따르다 ________ from inflation. For this reason, many countries have preferred using gold, silver, or some other material that is 본질적으로 __________ limited in 공급 ______ , as money. (가) <u>그것은 정부에게서 돈 공급을 인플레이션 수준으로 확장할 수 있는 권한을 박탈하는 방법이다.</u> Gold has long been considered 이상적인 ______ for this purpose, since the supply of gold in the world usually cannot be increased rapidly. ⓐ <u>When paper money is convertible into gold however the individual chooses to do so, than the money is saying to be "backed up" by gold.</u> This 표현 __________ is misleading only if we imagine that the value of the gold is somehow transferred to the paper money, when in fact the real point is that the gold simply 제한하다 ________ the amount of paper money that can be issued.

1. 64.힌트를 참고하여 각 빈칸에 알맞은 단어를 쓰시오.

2. 65.밑줄 친 ⓐ에서, 어법 혹은 문맥상 어색한 부분을 찾아 올바르게 고쳐 쓰시오.
　　ⓐ　　　잘못된 표현　　　　　　바른 표현
　　(　　　　　　　　) ⇨ (　　　　　　　　　)
　　(　　　　　　　　) ⇨ (　　　　　　　　　)
　　(　　　　　　　　) ⇨ (　　　　　　　　　)

3. 66.위 글에 주어진 (가)의 한글과 같은 의미를 가지도록, 각각의 주어진 단어들을 알맞게 배열하시오.

(가) depriving / a way / the money / the power / It / expand / to / governments / to inflationary levels. / of / of / is / supply

☑ **다음 글을 읽고 물음에 답하시오.** 2025_H2_06_40

The study of emotions and decision making is now of ^{상당한} __________ importance. This ^{포함하다} __________ the ^{적용} __________ of ^{다양한} __________ tools afforded by neuroscience. One important ^{흐름} __________ of the ^{문학} __________ ^{고찰하다} __________ people with brain damage and how damage to ^{특정한} __________ parts of the brain known to be responsible for ^{특정한} __________ ^{인지의} __________ functions ^{영향} __________ on decision making. ⓐ <u>One example of this research being the work of Antonio Damasio, whose finds that when the emotional part of the brain is damaging , this actually reduces the efficiency of decision making.</u> Good decisions are a product of the emotional part of the brain working in ^{결합} __________ with the ^{숙고적인} __________ part. This ^{모순되는} __________ the ^{가정} __________ of ^{전통적인} __________ economics, where emotions play a negative role in the decision-making process. Here it is assumed that decision making can be modeled as being ^{이루어지는} __________ in a stoic, unemotional fashion, and that's why decisions tend to be ^{최적의} __________ . (가) <u>그러나 증거는 감정은 실제로 의사결정에 중요하고, 종종, 긍정적인 역할을 한다는 것을 시사한다.</u>

67. 힌트를 참고하여 각 빈칸에 알맞은 단어를 쓰시오.

68. 밑줄 친 ⓐ에서, 어법 혹은 문맥상 어색한 부분을 찾아 올바르게 고쳐 쓰시오.

   ⓐ   잘못된 표현   바른 표현

   (   ) ⇨ (   )

   (   ) ⇨ (   )

   (   ) ⇨ (   )

   (   ) ⇨ (   )

69. 위 글에 주어진 (가)의 한글과 같은 의미를 가지도록, 각각의 주어진 단어들을 알맞게 배열하시오.

(가) that / in / the evidence / emotions / role / an important / suggests / making. / But / decision / a positive / actually play / and, often,

☑ **다음 글을 읽고 물음에 답하시오.** ^{2025_H2_06_41~42}

Shoppers ^{직면한} __________ with the choice of thirty different varieties of gourmet chocolates are more likely to walk away without buying any, compared with when they are ^{제시받은} __________ with only half a dozen choices. If ^{직원} __________ are given a free trip to Paris, they are happy. If you give them a free trip to Hawaii, they are happy. ⓐ <u>But if you to offer them the choice between the two destinations, they are more happy, no matter that they choose.</u> Why might choice be so ^{혼란스러운} __________ ? (가) <u>그 이유는 선택이 우리로 하여금 비교를 하고 상대적인 단점을 인정하도록 강요하기 때문이다.</u> People who choose Paris ^{불평하다} __________ that it doesn't have the ocean and those who choose Hawaii ^{후회하다} _______ that it doesn't have the museums. Psychologist Barry Schwartz calls this the 'tyranny of choice' because rather than providing freedom, it actually ^{제한하다} __________ our decision-making. He ^{주장하다} _______ that wider choice increases unhappiness because we worry that we are going to make the wrong decision and so we get stressed about trying to process all the ^{비교} __________ in an effort to get it right. This both increases our ^{두려움} _____ of making the wrong choice and ^{높이다} _______ ^{기대} __________ that we should be able to get the best choice. Having made the choice, we then start to regret, ^{궁금해하는} __________ whether it was the right one.

70. 힌트를 참고하여 각 빈칸에 알맞은 단어를 쓰시오.

71. 밑줄 친 ⓐ에서, 어법 혹은 문맥상 어색한 부분을 찾아 올바르게 고쳐 쓰시오.

　ⓐ　　　　잘못된 표현　　　　　　　　바른 표현
　　(　　　　　　　　　) ⇨ (　　　　　　　　　)
　　(　　　　　　　　　) ⇨ (　　　　　　　　　)
　　(　　　　　　　　　) ⇨ (　　　　　　　　　)

72. 위 글에 주어진 (가)의 한글과 같은 의미를 가지도록, 각각의 주어진 단어들을 알맞게 배열하시오.

(가) is / and acknowledge / choice / forces / us / The reason / to make / relative / disadvantages. / that / comparisons

☑ 다음 글을 읽고 물음에 답하시오. 2025_H2_06_43~45

(가) 기차가 조용한 시골 역에 정차하자, 승객들의 부드러운 대화 소리가 공기를 가득 채웠다. Linda was excited to finally visit her grandparents after two years. She watched people getting onto the train and hurriedly finding their seats. ⓐ A moment later, an elderly woman struggle with a heavy bag, tried to sit down next from her. The bag seemed almost too big for her small body. Linda ᵐ᎑ᔾ᎑ᎆ망설이는 __________ , unsure if the elderly woman would want her help. But soon, she chose to 돕다 _______ the woman. "Let me help you with your bag," she said. Before she could reach the bag, the elderly woman suddenly lost her 균형 _______ and fell down. She lay on her back, and her face was 창백한 _____ . Linda froze for a moment, feeling the 긴박함 _______ of the situation. She quickly 무릎 꿇다 _____ down beside the fallen woman, as a few people rushed over. Linda carefully tapped the elderly woman's shoulder to check if she was alright. The woman groaned softly, trying to gather her strength. Linda moved closer, sliding a hand under the woman's back. As the woman's eyes slowly opened, she 안심시키다 __________ her softly, "It's okay, just relax for a moment." Linda helped the woman sit up slowly, then guided her back to her seat. As the situation settled, people around went back to their seats. As the elderly woman finally calmed down, she looked at Linda with a smile. "I'm so sorry," she said. "I have low blood pressure, and the sudden movement of the train must have made me feel 어지러운 _______ . Thank you so much for helping me." Linda nodded gently in 대답 _________ , then turned her gaze back to the 평화로운 _________ 시골 __________ scene. She thought that no matter how unsure she might feel, even the smallest act of help is much better for someone in need than doing nothing.

73. 힌트를 참고하여 각 빈칸에 알맞은 단어를 쓰시오.

74. 밑줄 친 ⓐ에서, 어법 혹은 문맥상 어색한 부분을 찾아 올바르게 고쳐 쓰시오.

    ⓐ   잘못된 표현   바른 표현
    (   ) ⇨ (   )
    (   ) ⇨ (   )
    (   ) ⇨ (   )

75. 위 글에 주어진 (가)의 한글과 같은 의미를 가지도록, 각각의 주어진 단어들을 알맞게 배열하시오.

(가) the gentle / countryside / filled / the air. / the train / into / of passengers / a quiet / station, / As / pulled / chatter

142

정답

WORK BOOK

2025 시행 고2 6월 모의고사 내신대비용 WorkBook & 변형문제

선택형 **Answers**

1) express
2) significantly
3) consider
4) extension
5) further
6) brightly
7) holding
8) had
9) despite
10) growing
11) carefully
12) watched
13) Imagine
14) make
15) contact
16) careful
17) reaching
18) other
19) were
20) other
21) which
22) absolute
23) definite
24) relative
25) is
26) which
27) which
28) them
29) because
30) possible
31) using
32) evoke
33) potential
34) dependence
35) attract
36) in
37) that
38) are
39) other
40) of
41) effectively
42) for
43) wise
44) generously
45) like
46) cases
47) waited
48) inconsistent
49) higher
50) willing
51) is
52) when
53) reliably
54) when
55) is
56) are
57) Using
58) that
59) were
60) showed
61) close
62) dairy
63) imports
64) highest
65) during
66) that
67) is
68) trained
69) remains
70) buildings
71) A
72) stunning
73) designed
74) was
75) annual
76) meeting
77) everything
78) conserve
79) while
80) a
81) using
82) accurately
83) a
84) have
85) to represent
86) realistic
87) differently
88) it
89) When
90) because
91) majority
92) decrease
93) provides
94) rise
95) never
96) proves
97) has
98) supply
99) slowed
100) economic
101) decreases
102) few
103) complex
104) others
105) during
106) has
107) actual
108) effective
109) concerning
110) that
111) joining
112) embrace
113) physical
114) virtual
115) that
116) strong
117) unfamiliar
118) when
119) When
120) because
121) familiar
122) seem
123) evolved
124) rational
125) because
126) Following
127) when
128) the
129) brightest
130) irrational
131) basing
132) that
133) are
134) outside
135) not
136) exposed
137) nor
138) during
139) which
140) recognized
141) clearly
142) incoherent
143) others
144) constant
145) that
146) more
147) accurate
148) conscious
149) or
150) has

151) that
152) did
153) in
154) literate
155) lack
156) were
157) susceptible
158) is
159) solved
160) that
161) dominant
162) remarkable
163) unlikely
164) complex
165) more
166) that
167) expressed
168) while
169) might
170) assuming
171) initial
172) scientific
173) assumed
174) increase
175) most
176) involuntary
177) preexisting
178) willing
179) their
180) is
181) it
182) has
183) leading
184) many
185) have
186) inherently
187) expand
188) rapidly
189) whenever
190) misleading
191) that
192) considerable
193) involves
194) examines
195) impacts
196) that
197) reduces
198) emotional
199) contradicts
200) negative
201) unemotional
202) why
203) that
204) positive
205) confronted
206) more
207) when
208) given
209) less
210) that
211) disadvantages
212) that
213) because
214) wider
215) because
216) increases
217) that
218) wondering
219) filled
220) getting
221) struggled
222) hesitated
223) assist
224) feeling
225) a
226) closer
227) sit

228) must
229) peaceful
230) nothing
1) express
2) significantly
3) consider
4) extension
5) further
6) brightly
7) holding
8) had
9) despite
10) growing
11) carefully
12) watched
13) Imagine
14) make
15) contact
16) careful
17) reaching
18) other
19) were
20) other
21) which
22) absolute
23) definite
24) relative
25) is
26) which
27) which
28) them
29) because
30) possible
31) using
32) evoke
33) potential
34) dependence
35) attract
36) in
37) that
38) are
39) other
40) of
41) effectively
42) for
43) wise
44) generously
45) like
46) cases
47) waited
48) inconsistent
49) higher
50) willing
51) is
52) when
53) reliably
54) when
55) is
56) are
57) Using
58) that
59) were
60) showed
61) close
62) dairy
63) imports
64) highest
65) during
66) that
67) is
68) trained
69) remains
70) buildings
71) A
72) stunning
73) designed
74) was

75) annual
76) meeting
77) everything
78) conserve
79) while
80) a
81) using
82) accurately
83) a
84) have
85) to represent
86) realistic
87) differently
88) it
89) When
90) because
91) majority
92) decrease
93) provides
94) rise
95) never
96) proves
97) has
98) supply
99) slowed
100) economic
101) decreases
102) few
103) complex
104) others
105) during
106) has
107) actual
108) effective
109) concerning
110) that
111) joining
112) embrace
113) physical
114) virtual
115) that
116) strong
117) unfamiliar
118) when
119) When
120) because
121) familiar
122) seem
123) evolved
124) rational
125) because
126) Following
127) when
128) the
129) brightest
130) irrational
131) basing
132) that
133) are
134) outside
135) not
136) exposed
137) nor
138) during
139) which
140) recognized
141) clearly
142) incoherent
143) others
144) constant
145) that
146) more
147) accurate
148) conscious
149) or
150) has
151) that

152) did
153) in
154) literate
155) lack
156) were
157) susceptible
158) is
159) solved
160) that
161) dominant
162) remarkable
163) unlikely
164) complex
165) more
166) that
167) expressed
168) while
169) might
170) assuming
171) initial
172) scientific
173) **assumed**
174) **increase**
175) **involuntary**
176) **preexisting**
177) **willing**
178) **their**
179) is
180) it
181) has
182) leading
183) many
184) have
185) inherently
186) expand
187) rapidly
188) whenever
189) misleading
190) that
191) considerable
192) involves
193) examines
194) impacts
195) that
196) reduces
197) emotional
198) contradicts
199) negative
200) unemotional
201) why
202) that
203) positive
204) confronted
205) more
206) when
207) given
208) less
209) that
210) disadvantages
211) that
212) because
213) wider
214) because
215) increases
216) that
217) wondering
218) filled
219) getting
220) struggled
221) hesitated
222) assist
223) feeling
224) a
225) closer
226) sit
227) must
228) peaceful

229) nothing

빈칸형 Answers

1) gratitude
2) dedication
3) exceptional
4) progress
5) confidence
6) contributions
7) renewal
8) contract
9) extension
10) academic
11) involvement
12) enhance
13) achievement
14) stepped
15) lit
16) harsh
17) unwell
18) despite
19) efforts
20) symptoms
21) concern
22) reassured
23) examined
24) comfortable
25) peacefully
26) calm
27) impermeable
28) work
29) able
30) porous
31) contact
32) survive
33) thrive
34) isolation
35) build
36) walls
37) prevent
38) reaching
39) touch
40) meant
41) mix
42) designed
43) society
44) large
45) define
46) limits
47) reason
48) impose
49) desire
50) absolute
51) definite
52) satisfy
53) relative
54) maintain
55) proportion
56) measure
57) expects
58) pointless
59) fraction
60) numerator
61) denominator
62) loss
63) ask
64) without
65) whilst
66) miserable
67) wants
68) horizon
69) own
70) possible
71) chosen
72) evoke
73) vivid
74) images
75) draw
76) potential
77) establishment
78) nature
79) dining
80) fashion
81) dependence
82) customers
83) attract
84) diners
85) sample
86) offerings
87) flashy
88) market
89) meal
90) referring
91) guests
92) host
93) visit
94) obtain
95) resources
96) Instead
97) written
98) advertise
99) effectively
100) language
101) smell
102) opt
103) sum
104) interest
105) rate
106) wise
107) compensate
108) risks
109) face
110) extra
111) cash
112) right
113) hold
114) longer
115) more
116) figure
117) introduction
118) causes
119) inconsistent
120) phenomenon
121) closer
122) reward
123) higher
124) emotional
125) rises
126) give
127) exchange
128) central
129) development
130) handedness
131) answer
132) when
133) determined
134) reliably
135) write
136) assumption
137) incorrect
138) established
139) before
140) birth
141) movements
142) unborn
143) womb

144) ultrasound
145) preference
146) exists
147) early
148) fertilization
149) evaluated
150) more
151) right
152) left
153) number
154) close
155) right-handers
156) imports
157) Among
158) consistently
159) decreased
160) reverse
161) period
162) those
163) increase
164) smaller
165) that
166) only
167) dropped
168) founding
169) talented
170) trained
171) goldsmith
172) architect
173) remains
174) commission
175) fine
176) chapels
177) strengthened
178) reputation
179) stunning
180) masterpiece
181) machinery
182) effects
183) productions
184) buried
185) annual
186) leadership
187) Building
188) Participation
189) available
190) includes
191) except
192) visit
193) pick
194) conserve
195) comfortable
196) safety
197) provided
198) perspective
199) illusion
200) depth
201) graduated
202) values
203) *accurately*
204) applying
205) rules
206) geometric
207) achieve
208) number
209) observations
210) forms
211) flat
212) dimension
213) real
214) place
215) shapes
216) surface
217) represent
218) realistic
219) three-dimensional
220) differently

221) positions
222) establish
223) viewpoint
224) stick
225) subject
226) appears
227) eye
228) costs
229) production
230) industries
231) automobile
232) logistics
233) Firms
234) benefit
235) decrease
236) provision
237) services
238) stimulating
239) aggregate
240) supply
241) stimulus
242) growth
243) Conversely
244) sudden
245) shrink
246) never
247) definitely
248) boost
249) sector
250) fluctuations
251) notion
252) subject
253) Following
254) jump
255) contraction
256) typified
257) output
258) slowed
259) loss
260) potential
261) concern
262) decreases
263) excess
264) anecdote
265) stranger
266) connections
267) existing
268) forget
269) gossip
270) network
271) quicker
272) access
273) self
274) ourselves
275) capable
276) else
277) piece
278) information
279) do
280) *us*
281) easily
282) thoroughly
283) processed
284) closer
285) actual
286) vacation
287) effective
288) abstract
289) personal
290) warning
291) motivate
292) concerning
293) rigors
294) dropout
295) abstract
296) joining
297) wakes

298) self
299) analogy
300) get
301) embrace
302) technology
303) physical
304) paper
305) pens
306) virtual
307) radically
308) *seemed*
309) office
310) fundamentally
311) win
312) masses
313) drew
314) traditional
315) knew
316) unfamiliar
317) pre-computer
318) ideas
319) written
320) document
321) stored
322) put
323) kept
324) desk
325) terms
326) virtual
327) familiar
328) easier
329) parallels
330) between
331) obvious
332) hatchlings
333) evolved
334) crawl
335) rational
336) strategy
337) dark
338) represented
339) reflection
340) surface
341) Following
342) home
343) problems
344) beachfront
345) sparkling
346) side
347) hatching
348) heading
349) brightest
350) guided
351) traffic
352) self-destructive
353) irrational
354) modern
355) truth
356) basing
357) decisions
358) cues
359) perfectly
360) ancestors
361) mechanisms
362) blinded
363) organs
364) channels
365) communication
366) brain
367) outside
368) designed
369) sense
370) own
371) exposed
372) neither
373) shining
374) nor

375) touching
376) awake
377) isolate
378) regions
379) characteristic
380) Nothing
381) pass
382) concept
383) blind-folded
384) placed
385) deprivation
386) experience
387) auditory
388) tactile
389) hallucinations
390) incoherent
391) patterns
392) apparent
393) input
394) carry
395) functions
396) personality
397) intellect
398) communicate
399) honestly
400) part
401) accurate
402) reflectors
403) sentiments
404) spoke
405) reacted
406) threats
407) instantaneously
408) need
409) conscious
410) limbic
411) sure
412) ceasing
413) running
414) kicking
415) potential
416) regimen
417) retained
418) heritage
419) served
420) continues
421) today
422) reactions
423) hardwired
424) presented
425) dangerous
426) disagreeable
427) did
428) prehistoric
429) transition
430) oral
431) handed
432) apprenticeships
433) literate
434) based
435) the
436) back
437) lack
438) suitable
439) material
440) tablets
441) prone
442) fracture
443) bulky
444) transport
445) suffers
446) splitting
447) susceptible
448) decay
449) static
450) space
451) limited

452) invention
453) great
454) solved
455) until
456) replaced
457) scroll
458) codex
459) call
460) reached
461) full
462) potential
463) dominant
464) word
465) softer
466) won
467) guardian
468) remarkable
469) reason
470) unlikely
471) consist
472) single
473) matter
474) state
475) short-hand
476) interaction
477) implications
478) broken
479) chain
480) precise
481) premises
482) claim
483) supported
484) population
485) analysis
486) situation
487) expressed
488) statement
489) Hardly
490) introduces
491) new
492) economic
493) link
494) obvious
495) purpose
496) reasoning
497) avoid
498) working
499) through
500) connections
501) various
502) initial
503) reported
504) media
505) literature
506) crisis
507) migrants
508) overcrowd
509) clog
510) markets
511) poverty
512) questionable
513) involuntary
514) fleeing
515) disasters
516) reality
517) seeking
518) opportunity
519) social
520) economic
521) solution
522) preexisting
523) out-migration
524) redistributes
525) surplus
526) demand
527) selective
528) flexible

529) endure
530) hardship
531) better
532) relative
533) prospects
534) origin
535) long-term
536) outcomes
537) remittances
538) mobility
539) positive
540) destination
541) run
542) face
543) temptation
544) create
545) spend
546) politicians
547) centuries
548) inflation
549) follow
550) preferred
551) material
552) inherently
553) limited
554) supply
555) money
556) depriving
557) power
558) expand
559) inflationary
560) levels
561) ideal
562) purpose
563) increased
564) rapidly
565) paper
566) convertible
567) whenever
568) chooses
569) backed
570) misleading
571) value
572) transferred
573) fact
574) limits
575) amount
576) issued
577) considerable
578) application
579) afforded
580) stream
581) literature
582) particular
583) responsible
584) cognitive
585) functions
586) emotional
587) damaged
588) reduces
589) efficacy
590) Good
591) product
592) working
593) conjunction
594) deliberative
595) contradicts
596) conventional
597) negative
598) process
599) generated
600) stoic
601) fashion
602) optimal
603) actually
604) positive
605) confronted

606) varieties
607) walk
608) any
609) compared
610) presented
611) given
612) offer
613) between
614) destinations
615) less
616) choose
617) disruptive
618) forces
619) comparisons
620) acknowledge
621) relative
622) complain
623) regret
624) tyranny
625) freedom
626) constrains
627) wider
628) unhappiness
629) worry
630) wrong
631) stressed
632) process
633) fear
634) expectations
635) best
636) Having
637) wondering
638) right
639) pulled
640) countryside
641) filled
642) struggled
643) hesitated
644) unsure
645) help
646) assist
647) reach
648) lost
649) balance
650) lay
651) pale
652) urgency
653) knelt
654) beside
655) rushed
656) tapped
657) alright
658) gather
659) sliding
660) reassured
661) guided
662) settled
663) calmed
664) sudden
665) dizzy
666) response
667) gaze
668) smallest
669) need
670) nothing

1) gratitude
2) dedication
3) exceptional
4) progress
5) confidence
6) contributions
7) renewal
8) contract
9) extension
10) academic
11) involvement
12) enhance
13) achievement
14) stepped
15) lit
16) harsh
17) unwell
18) despite
19) efforts
20) symptoms
21) concern
22) reassured
23) examined
24) comfortable
25) peacefully
26) calm
27) impermeable
28) work
29) able
30) porous
31) contact
32) survive
33) thrive
34) isolation
35) build
36) walls
37) prevent
38) reaching
39) touch
40) meant
41) mix
42) designed
43) society
44) large
45) define
46) limits
47) reason
48) impose
49) desire
50) absolute
51) definite
52) satisfy
53) relative
54) maintain
55) proportion
56) measure
57) expects
58) pointless
59) fraction
60) numerator
61) denominator
62) loss
63) ask
64) without
65) whilst
66) miserable
67) wants
68) horizon
69) own
70) possible
71) chosen
72) evoke
73) vivid
74) images
75) draw
76) potential
77) establishment
78) nature
79) dining

80) fashion
81) dependence
82) customers
83) attract
84) diners
85) sample
86) offerings
87) flashy
88) market
89) meal
90) referring
91) guests
92) host
93) visit
94) obtain
95) resources
96) Instead
97) written
98) advertise
99) effectively
100) language
101) smell
102) opt
103) sum
104) interest
105) rate
106) wise
107) compensate
108) risks
109) face
110) extra
111) cash
112) right
113) hold
114) longer
115) more
116) figure
117) introduction
118) causes
119) inconsistent
120) phenomenon
121) closer
122) reward
123) higher
124) emotional
125) rises
126) give
127) exchange
128) central
129) development
130) handedness
131) answer
132) when
133) determined
134) reliably
135) write
136) assumption
137) incorrect
138) established
139) before
140) birth
141) movements
142) unborn
143) womb
144) ultrasound
145) preference
146) exists
147) early
148) fertilization
149) evaluated
150) more
151) right
152) left
153) number
154) close
155) right-handers
156) imports

157) Among
158) consistently
159) decreased
160) reverse
161) period
162) those
163) increase
164) smaller
165) that
166) only
167) dropped
168) founding
169) talented
170) trained
171) goldsmith
172) architect
173) remains
174) commission
175) fine
176) chapels
177) strengthened
178) reputation
179) stunning
180) masterpiece
181) machinery
182) effects
183) productions
184) buried
185) annual
186) leadership
187) Building
188) Participation
189) available
190) includes
191) except
192) visit
193) pick
194) conserve
195) comfortable
196) safety
197) provided
198) perspective
199) illusion
200) depth
201) graduated
202) values
203) accurately
204) applying
205) rules
206) geometric
207) achieve
208) number
209) observations
210) forms
211) flat
212) dimension
213) real
214) place
215) shapes
216) surface
217) represent
218) realistic
219) three-dimensional
220) differently
221) positions
222) establish
223) viewpoint
224) stick
225) subject
226) appears
227) eye
228) costs
229) production
230) industries
231) automobile
232) logistics
233) Firms

234) benefit
235) decrease
236) provision
237) services
238) stimulating
239) aggregate
240) supply
241) stimulus
242) growth
243) Conversely
244) sudden
245) shrink
246) never
247) definitely
248) boost
249) sector
250) fluctuations
251) notion
252) subject
253) Following
254) jump
255) contraction
256) typified
257) output
258) slowed
259) loss
260) potential
261) concern
262) decreases
263) excess
264) anecdote
265) stranger
266) connections
267) existing
268) forget
269) gossip
270) network
271) quicker
272) access
273) self
274) ourselves
275) capable
276) else
277) piece
278) information
279) do
280) *us*
281) easily
282) thoroughly
283) processed
284) closer
285) actual
286) vacation
287) effective
288) abstract
289) personal
290) warning
291) motivate
292) concerning
293) rigors
294) dropout
295) abstract
296) joining
297) wakes
298) self
299) analogy
300) get
301) embrace
302) technology
303) physical
304) paper
305) pens
306) virtual
307) radically
308) *seemed*
309) office
310) fundamentally

311) win
312) masses
313) drew
314) traditional
315) knew
316) unfamiliar
317) pre-computer
318) ideas
319) written
320) document
321) stored
322) put
323) kept
324) desk
325) terms
326) virtual
327) familiar
328) easier
329) parallels
330) between
331) obvious
332) hatchlings
333) evolved
334) crawl
335) rational
336) strategy
337) dark
338) represented
339) reflection
340) surface
341) Following
342) home
343) problems
344) beachfront
345) sparkling
346) side
347) hatching
348) heading
349) brightest
350) guided
351) traffic
352) self-destructive
353) irrational
354) modern
355) truth
356) basing
357) decisions
358) cues
359) perfectly
360) ancestors
361) mechanisms
362) blinded
363) organs
364) channels
365) communication
366) brain
367) outside
368) designed
369) sense
370) own
371) exposed
372) neither
373) shining
374) nor
375) touching
376) awake
377) isolate
378) regions
379) characteristic
380) Nothing
381) pass
382) concept
383) blind-folded
384) placed
385) deprivation
386) experience
387) auditory

388) tactile
389) hallucinations
390) incoherent
391) patterns
392) apparent
393) input
394) carry
395) functions
396) personality
397) intellect
398) communicate
399) honestly
400) part
401) accurate
402) reflectors
403) sentiments
404) spoke
405) reacted
406) threats
407) instantaneously
408) need
409) conscious
410) limbic
411) sure
412) ceasing
413) running
414) kicking
415) potential
416) regimen
417) retained
418) heritage
419) served
420) continues
421) today
422) reactions
423) hardwired
424) presented
425) dangerous
426) disagreeable
427) did
428) prehistoric
429) transition
430) oral
431) handed
432) apprenticeships
433) literate
434) based
435) the
436) back
437) lack
438) suitable
439) material
440) tablets
441) prone
442) fracture
443) bulky
444) transport
445) suffers
446) splitting
447) susceptible
448) decay
449) static
450) space
451) limited
452) invention
453) great
454) solved
455) until
456) replaced
457) scroll
458) codex
459) call
460) reached
461) full
462) potential
463) dominant
464) word

465) softer
466) won
467) guardian
468) remarkable
469) reason
470) unlikely
471) consist
472) single
473) matter
474) state
475) short-hand
476) interaction
477) implications
478) broken
479) chain
480) precise
481) premises
482) claim
483) supported
484) population
485) analysis
486) situation
487) expressed
488) statement
489) Hardly
490) introduces
491) new
492) economic
493) link
494) obvious
495) purpose
496) reasoning
497) avoid
498) working
499) through
500) connections
501) various
502) initial
503) reported
504) media
505) literature
506) crisis
507) migrants
508) overcrowd
509) clog
510) markets
511) poverty
512) questionable
513) involuntary
514) fleeing
515) disasters
516) reality
517) seeking
518) opportunity
519) social
520) economic
521) solution
522) preexisting
523) out-migration
524) redistributes
525) surplus
526) demand
527) selective
528) flexible
529) endure
530) hardship
531) better
532) relative
533) prospects
534) origin
535) long-term
536) outcomes
537) remittances
538) mobility
539) positive
540) destination
541) run

542) face
543) temptation
544) create
545) spend
546) politicians
547) centuries
548) inflation
549) follow
550) preferred
551) material
552) inherently
553) limited
554) supply
555) money
556) depriving
557) power
558) expand
559) inflationary
560) levels
561) ideal
562) purpose
563) increased
564) rapidly
565) paper
566) convertible
567) whenever
568) chooses
569) backed
570) misleading
571) value
572) transferred
573) fact
574) limits
575) amount
576) issued
577) considerable
578) application
579) afforded
580) stream
581) literature
582) particular
583) responsible
584) cognitive
585) functions
586) emotional
587) damaged
588) reduces
589) efficacy
590) Good
591) product
592) working
593) conjunction
594) deliberative
595) contradicts
596) conventional
597) negative
598) process
599) generated
600) stoic
601) fashion
602) optimal
603) actually
604) positive
605) confronted
606) varieties
607) walk
608) any
609) compared
610) presented
611) given
612) offer
613) between
614) destinations
615) less
616) choose
617) disruptive
618) forces

619) comparisons
620) acknowledge
621) relative
622) complain
623) regret
624) tyranny
625) freedom
626) constrains
627) wider
628) unhappiness
629) worry
630) wrong
631) stressed
632) process
633) fear
634) expectations
635) best
636) Having
637) wondering
638) right
639) pulled
640) countryside
641) filled
642) struggled
643) hesitated
644) unsure
645) help
646) assist
647) reach
648) lost
649) balance
650) lay
651) pale
652) urgency
653) knelt
654) beside
655) rushed
656) tapped
657) alright
658) gather
659) sliding
660) reassured
661) guided
662) settled
663) calmed
664) sudden
665) dizzy
666) response
667) gaze
668) smallest
669) need
670) nothing

Quiz 1 **Answers**

1. [정답] ①
2. [정답] ⑤
3. [정답] ④
4. [정답] ⑤
5. [정답] ⑤
6. [정답] ⑤
7. [정답] ③
8. [정답] ④
9. [정답] ⑤
10. [정답] ⑤
11. [정답] ①
12. [정답] ⑤
13. [정답] ④
14. [정답] ②
15. [정답] ⑤
16. [정답] ④
17. [정답] ⑤
18. [정답] ③

19. [정답] ②
20. [정답] ⑤
21. [정답] ③
22. [정답] ③
1. [정답] (B)-(A)-(C)
2. [정답] (C)-(A)-(B)
3. [정답] (C)-(A)-(B)
4. [정답] (A)-(C)-(B)
5. [정답] (C)-(A)-(B)
6. [정답] (A)-(C)-(B)
7. [정답] (C)-(B)-(A)
8. [정답] (A)-(C)-(B)
9. [정답] (C)-(A)-(B)
10. [정답] (B)-(A)-(C)
11. [정답] (A)-(C)-(B)
12. [정답] (B)-(C)-(A)
13. [정답] (C)-(B)-(A)
14. [정답] (A)-(C)-(B)
15. [정답] (B)-(A)-(C)
16. [정답] (A)-(C)-(B)
17. [정답] (C)-(B)-(A)
18. [정답] (B)-(C)-(A)
19. [정답] (C)-(A)-(B)
20. [정답] (B)-(C)-(A)
21. [정답] (C)-(A)-(B)
22. [정답] (B)-(A)-(C)

Quiz 2 Answers

1. [정답 및 해설] ⑤
ⓒ replace => reflect
ⓘ respond => response

2. [정답 및 해설] ①
ⓐ frozen => freezing
ⓕ although => despite
ⓚ washed => wash

3. [정답 및 해설] ④
ⓐ permeable => impermeable
ⓕ present => prevent
ⓖ fix => mix

4. [정답 및 해설] ④
ⓔ pointed => pointless
ⓖ horizontal => horizon

5. [정답 및 해설] ④
ⓘ visiting => visit
ⓙ effective => effectively

6. [정답 및 해설] ①
ⓐ largest => larger
ⓓ likely => like
ⓔ taking => take

7. [정답 및 해설] ⑤
ⓑ incorrectly => incorrect
ⓓ used => Using
ⓕ fertility => fertilization

8. [정답 및 해설] ④
ⓒ decrease => decreased
ⓓ revise => reverse
ⓗ those => that

9. [정답 및 해설] ④
ⓐ founded => founding

ⓔ strengthening => strengthened
ⓖ produce => productions

10. [정답 및 해설] ②
ⓐ higher => lower
ⓘ economical => economic

11. [정답 및 해설] ④
ⓑ assess => access
ⓕ processing => processed

12. [정답 및 해설] ②
ⓓ familiar => unfamiliar
ⓖ because of => because

13. [정답 및 해설] ③
ⓓ rational => irrational
ⓖ wise => blinded

14. [정답 및 해설] ②
ⓒ either => neither
ⓓ touches => touching

15. [정답 및 해설] ⑤
ⓒ after => before
ⓘ were => did

16. [정답 및 해설] ②
ⓕ dynamic => static
ⓖ limiting => limited
ⓙ which => that

17. [정답 및 해설] ②
ⓐ likely => unlikely
ⓒ simple => complex
ⓔ why => that

18. [정답 및 해설] ①
ⓐ literacy => literature
ⓖ promises => problems

19. [정답 및 해설] ④
ⓕ limitless => limited
ⓘ accurate => misleading
ⓚ issuing => issued

20. [정답 및 해설] ②
ⓖ rational => emotional
ⓝ negative => positive

21. [정답 및 해설] ⑤
ⓐ are confronted => confronted
ⓔ happy => disruptive
ⓜ made => Having made

22. [정답 및 해설] ②
ⓐ exciting => excited
ⓔ sit => seat
ⓕ should => must

1. [정답 및 해설]
① exceptionally ➜ exceptional
② process ➜ progress
③ replace ➜ reflect
⑧ assignment ➜ achievement
⑨ respond ➜ response

2. [정답 및 해설]

③ held ➜ holding
④ soft ➜ harsh
⑧ reassuring ➜ reassured
⑨ uncomfortable ➜ comfortable
⑪ washed ➜ wash

3. [정답 및 해설]
② makes ➜ make
④ in contrast ➜ in contact
⑤ celebration ➜ isolation
⑥ present ➜ prevent
⑧ design ➜ designed

4. [정답 및 해설]
① absolutely ➜ absolute
③ promotion ➜ proportion
④ expect ➜ expects
⑤ pointed ➜ pointless
⑥ miserably ➜ miserable

5. [정답 및 해설]
② establish ➜ establishment
③ establishing ➜ establishments
⑦ offsprings ➜ offerings
⑨ visiting ➜ visit
⑩ effective ➜ effectively

6. [정답 및 해설]
① largest ➜ larger
④ likely ➜ like
⑤ taking ➜ take
⑧ instruction ➜ introduction
⑩ hypnotic ➜ hyperbolic

7. [정답 및 해설]
① writing ➜ write
② incorrectly ➜ incorrect
③ after ➜ before
④ used ➜ Using
⑤ prefer ➜ preference

8. [정답 및 해설]
① selecting ➜ selected
④ revise ➜ reverse
⑤ while ➜ during
⑧ those ➜ that
⑨ which ➜ where

9. [정답 및 해설]
① founded ➜ founding
② which ➜ where
④ the number ➜ A number
⑤ strengthening ➜ strengthened
⑦ produce ➜ productions

10. [정답 및 해설]
④ provide ➜ provision
⑤ simulating ➜ stimulating
⑥ drop ➜ rise
⑨ economical ➜ economic
⑫ similarly ➜ Conversely

11. [정답 및 해설]
② assess ➜ access
③ safe ➜ self
⑤ nothing ➜ something

⑨ discourage ➜ motivate
⑩ concern ➜ concerning

12. [정답 및 해설]
② digital ➜ physical
③ different ➜ similar
⑤ documentary ➜ document
⑥ disc ➜ desk
⑧ novel ➜ familiar

13. [정답 및 해설]
① irrational ➜ rational
③ guiding ➜ being guided
⑤ based ➜ basing
⑥ descendants ➜ ancestors
⑦ wise ➜ blinded

14. [정답 및 해설]
① one of the ➜ the only
④ touches ➜ touching
⑤ while ➜ during
⑦ confuse ➜ isolate
⑩ ambiguous ➜ apparent

15. [정답 및 해설]
① honorably ➜ honestly
② vague ➜ accurate
③ after ➜ before
⑥ innovative ➜ age-old
⑦ which ➜ that

16. [정답 및 해설]
① which ➜ in which
② literal ➜ literate
③ abundance ➜ lack
⑥ dynamic ➜ static
⑦ limiting ➜ limited

17. [정답 및 해설]
① likely ➜ unlikely
③ simple ➜ complex
⑤ why ➜ that
⑥ population ➜ population
⑨ obviously ➜ obvious

18. [정답 및 해설]
② program ➜ problem
⑧ recollects ➜ redistributes
⑨ which ➜ where
⑩ opponent ➜ opportunity
⑫ negative ➜ positive

19. [정답 및 해설]
② runs ➜ run
⑤ deflation ➜ inflation
⑥ limitless ➜ limited
⑦ reminding ➜ depriving
⑩ transformed ➜ transferred

20. [정답 및 해설]
④ impact ➜ impacts
⑧ works ➜ working
⑪ emotional ➜ unemotional
⑫ because ➜ why
⑭ negative ➜ positive

21. [정답 및 해설]
② less ➜ more
③ present ➜ are presented with
④ how ➜ what
⑥ advantage ➜ disadvantages
⑭ forget ➜ regret

22. [정답 및 해설]
① exciting ➜ excited
② sits ➜ seats
③ laid ➜ lay
④ felt ➜ feeling
⑤ sit ➜ seat

Quiz 3 Answers

1. 표현하다 – express // 감사 – gratitude // 헌신 – dedication // 되짚어보다 – reflect // 기여 – contributions // 고려하다 – consider // 갱신 – renewal // 계약 – contract // 제안하다 – offer // 연장 – extension

2. ⓐ
except ⇨ exceptional
barely ⇨ significantly
improving ⇨ improved

3. (가) We believe your continued involvement will further enhance our students' learning experience and academic achievement.

4. 얼어붙을 듯한 – freezing // 딸 – daughter // 열 – fever // 노력 – efforts // 안심시키다 – reassured // 세심히 – carefully // 평화롭게 – peacefully // 물결 – wave

5. ⓐ
to explain ⇨ explained
concerning ⇨ concern
each ⇨ every

6. (가) The harsh light made her look even more unwell, her face all red and sweaty.

7. 스며들지 않는 – impermeable // 구멍이 많은 – porous // 생존하다 – survive // 성장하다 – thrive // 막다 – prevent

8. ⓐ
needless ⇨ need
touching ⇨ touch
the other ⇨ other

9. (가) You need the tea and the water to come in contact with each other.

10. 상대적인 – relative // 유지하다 – maintain // 비율 – proportion // 측정하다 – measure // 행복 – happiness // 기대하다 – expects // 무의미한 – pointless // 표현하다 – express // 분수 – fraction // 분자 – numerator // 상실감 – loss // 발생하다 – occurs

11. ⓐ
defining ⇨ define
to impose ⇨ impose
finite ⇨ definite

12. (가) In fact, every man has a horizon of his own, and he will expect as much as he thinks it is possible for him to get.

13. 신중하게 – carefully // 불러일으키다 – evoke // 풍부한 – rich // 끌어들이다 – draw // 잠재적 – potential // 재정적 – financial // 의존 – dependence // 유혹하다 – attract // 잠재적 – potential // 맛보다 – sample // 광고하다 – advertise // 효과적으로 – effectively

14. ⓐ
what ⇨ which
what ⇨ that
to visit ⇨ visit
valueless ⇨ valuable

15. (가) Just like the restaurants, nature has its own dining establishments.

16. 받다 – receive // 선택하다 – opt // 이자 – interest // 비율 – rate // 선호하다 – prefer // 도입 – introduction // 일관성 없는 – inconsistent // 현상 – phenomenon

17. ⓐ
further ⇨ closer
risen ⇨ rises
gave ⇨ give

18. (가) A wise choice, since the interest will compensate you generously for any risks you face by waiting the extra few weeks.

19. 중요 – importance // 발달 – development // 발달 과정 – development // 결정되는 – determined // 확실히 – reliably // 가정 – assumption // 움직임 – movements // 자궁 – womb // 수정 – fertilization // 평가된 – evaluated // 대략 – approximately

20. ⓐ
showing ⇨ show

to establish ⇨ established
after ⇨ before

21. (가) Using this technique, it was shown that a clear preference for the movement of the right arm exists as early as 10 weeks after fertilization.

22. 수입 – imports // 선정된 – selected // 반대 – reverse // 국가 – country // 떨어진 – dropped

23. ⓐ
exports ⇨ imports
being ⇨ was
then ⇨ than

24. (가) Among the four countries above, Mexico consistently recorded the highest imports of US dairy products from 2018 to 2020.

25. 여행을 간 – traveled // 조각가 – sculptor // 유적 – remains // 고대의 – ancient // 예배당 – chapels // 공고히 한 – strengthened // 명성 – reputation // 기계 – machinery // 제작하다 – produce // 연극의 – theatrical

26. ⓐ
were ⇨ was
trainee ⇨ trained
to become ⇨ becoming

27. (가) His first architectural commission was the Ospedale degli Innocenti, which is one of the great Renaissance buildings.

28. 대학교 – University // 문화 – Culture // 참가 – Participation

29. ⓐ
inavailable ⇨ available
offline ⇨ online
excludes ⇨ includes

30. (가) This camp is an annual event to improve your leadership.

31. 참가 – participation // 호수 – lake // 취소되는 – cancelled

32. ⓐ
comforting ⇨ comfortable
ran ⇨ running
provide ⇨ provided

33. (가) Jog, walk, pick up trash, and conserve the

Earth!

34. 달성하다 – achieve // 관찰 – observations // 보다 – view // 형태 – forms // 보이다 – appear // 현실적인 – realistic // 다양한 – various // 확립하다 – establish // 표면 – surface

35. ⓐ
the ⇨ a
obtaining ⇨ obtain
included ⇨ including
drew ⇨ drawing
applies ⇨ applying

36. (가) The forms or objects that you draw on a flat surface actually have depth and dimension in real life.

37. 생산 – production // 대다수의 – majority // 자동차 – automobile // 물류 관리 – logistics // 자극하는 – stimulating // 전체의 – aggregate // 자극 – stimulus // 변동 – fluctuations // 확증하다 – verifies // 주제 – subject // 축소 – contraction // 일반적으로 – typically // 조(숫자) – trillion // 잠재적 – potential // 우려 – concern // 과잉 – excess

38. ⓐ
fall ⇨ rise
product ⇨ production
to give ⇨ gives

39. (가) Firms directly benefit from the decrease in their costs of production and provision of services.

40. 일화 – anecdote // 연관성 – connections // 연상 – associations // 소문 – gossip // 접근하다 – access // 할 수 있는 – capable // 휴가 – vacation // 동기 부여하다 – motivate // 엄격함 – rigors // 추상적인 – abstract

41. ⓐ
nothing ⇨ something
through ⇨ thoroughly

42. (가) The most effective communicators find ways to make the abstract personal.

43. 유사성 – analogy // 혁신적으로 – radically // 혁신적으로 – radically // 대중들 – masses // 유사성 – analogies // 전통적인 – traditional // 저장하는 – stored // 유사점 – parallels // 분명한 – obvious

44. ⓐ
using ⇨ use

understanding ⇨ understood
what ⇨ that
unfamiliar ⇨ familiar

45. (가) What Jobs understood was that a physical office was fundamentally similar to a virtual office.

46. 진화한 – evolved // 기어가다 – crawl // 가까운 – nearby // 자연적으로 – naturally // 이성적인 – rational // 진화된 – evolved

47. ⓐ
irrational ⇨ rational
representing ⇨ represented
reflex ⇨ reflection

48. (가) The problems started when humans began building beachfront homes and sparkling hotels on the other side of the beach.

49. 소통 – communication // 노출된 – exposed // 감지하다 – sense // 분리하다 – isolate // 영역 – regions // 환각 – hallucinations // 일관성 없는 – incoherent // 명백한 – apparent // 지속적인 – constant // 입력 – input // 성격 – personality // 지성 – intellect

50. ⓐ
to recognize ⇨ recognized
during ⇨ when
what ⇨ that

51. (가) This concept can be seen clearly when volunteers are blind-folded and placed in the warm water of a sensory deprivation tank.

52. 동물학자 – zoologist // 소통하다 – communicate // 정직하게 – honestly // 정확한 – accurate // 반사경 – reflectors // 감정 – sentiments // 변연계 – limbic // 굳어진 – hardwired // 반응하다 – react // 선사시대의 – prehistoric

53. ⓐ
after ⇨ before
reacting ⇨ reacted
unconscious ⇨ conscious

54. (가) This survival regimen, retained from our ancestral heritage, has served us well and continues to do so today.

55. 전환 – transition // 구전의 – oral // 도제 제도 – apprenticeships // 적절한 – suitable // 민감한 –

susceptible // 고정된 – static // 지배적인 – dominant // 수호자 – guardian

56. ⓐ
invent ⇨ invention
worst ⇨ great
to solve ⇨ solved
replacing ⇨ replaced
reach ⇨ reached

57. (가) Stone and clay tablets were used, but they were prone to fracture and were bulky and heavy to transport.

58. 이루어지다 – consist // 진술하다 – state // 복잡한 – complex // 함의 – implications // 뒷받침하는 – supported // 표현된 – expressed // 명확한 – obvious // 피하다 – avoid // 초기 – initial

59. ⓐ
during ⇨ while
to introduce ⇨ introduces

60. (가) The reason must be broken down into a chain of more precise premises.

61. 보도된 – reported // 위기 – crisis // 과밀화하다 – overcrowd // 가정 – assumption // 본의가 아닌 – involuntary // 떠나는 – fleeing // 일으키다 – create // 재분배하다 – redistributes // 과잉 – surplus // 수요 – demand // 조사하다 – examines // 결과 – outcomes // 송금 – remittances // 세대 간의 – intergenerational // 본거지 – origin

62. ⓐ
selecting ⇨ selective
ensure ⇨ endure
relating ⇨ relative

63. (가) But migration can also be a solution for many preexisting problems.

64. 정부 – government // 정부 – government // 직면하다 – face // 유혹 – temptation // 소비하다 – spend // 현대의 – modern // 따르다 – follow // 본질적으로 – inherently // 공급 – supply // 이상적인 – ideal // 표현 – expression // 제한하다 – limits

65. ⓐ
however ⇨ whenever
than ⇨ then
saying ⇨ said

66. (가) It is a way of depriving governments of the power to expand the money supply to inflationary levels.

67. 상당한 – considerable // 포함하다 – involves // 적용 – application // 다양한 – various // 흐름 – stream // 문학 – literature // 고찰하다 – examines // 특정한 – particular // 특정한 – particular // 인지의 – cognitive // 영향 – impacts // 결합 – conjunction // 숙고적인 – deliberative // 모순되는 – contradicts // 가정 – assumptions // 전통적인 – conventional // 이루어지는 – generated // 최적의 – optimal

68. ⓐ
being ⇨ is
whose ⇨ who
damaging ⇨ damaged
efficiency ⇨ efficacy

69. (가) But the evidence suggests that emotions actually play an important and, often, a positive role in decision making.

70. 직면한 – confronted // 제시받은 – presented // 직원 – employees // 혼란스러운 – disruptive // 불평하다 – complain // 후회하다 – regret // 제한하다 – constrains // 주장하다 – argues // 비교 – comparisons // 두려움 – fear // 높이다 – raises // 기대 – expectations // 궁금해하는 – wondering

71. ⓐ
to offer ⇨ offer
more ⇨ less
that ⇨ what

72. (가) The reason is that choice forces us to make comparisons and acknowledge relative disadvantages.

73. 망설이는 – hesitated // 돕다 – assist // 균형 – balance // 창백한 – pale // 긴박함 – urgency // 무릎 꿇다 – knelt // 안심시키다 – reassured // 어지러운 – dizzy // 대답 – response // 평화로운 – peaceful // 시골 – countryside

74. ⓐ
struggle ⇨ struggled
tried ⇨ trying
from ⇨ to

75. (가) As the train pulled into a quiet countryside station, the gentle chatter of passengers filled the air.